Bettina Weilbuchner

Psychologische Werbewirkungsmessung von TV-Spots

D1806535

Bettina Weilbuchner

Psychologische Werbewirkungsmessung von TV-Spots

Eine Studie basierend auf theoretischen Grundlagen und empirischen Erkenntnissen

Reihe Humanwissenschaften

Impressum / Imprint

Bibliografische Information der Deutschen Nationalbibliothek: Die Deutsche Nationalbibliothek verzeichnet diese Publikation in der Deutschen Nationalbibliografie; detaillierte bibliografische Daten sind im Internet über http://dnb.d-nb.de abrufbar.

Alle in diesem Buch genannten Marken und Produktnamen unterliegen warenzeichen-, marken- oder patentrechtlichem Schutz bzw. sind Warenzeichen oder eingetragene Warenzeichen der jeweiligen Inhaber. Die Wiedergabe von Marken, Produktnamen, Gebrauchsnamen, Handelsnamen, Warenbezeichnungen u.s.w. in diesem Werk berechtigt auch ohne besondere Kennzeichnung nicht zu der Annahme, dass solche Namen im Sinne der Warenzeichen- und Markenschutzgesetzgebung als frei zu betrachten wären und daher von jedermann benutzt werden dürften.

Bibliographic information published by the Deutsche Nationalbibliothek: The Deutsche Nationalbibliothek lists this publication in the Deutsche Nationalbibliografie; detailed bibliographic data are available in the Internet at http://dnb.d-nb.de.

Any brand names and product names mentioned in this book are subject to trademark, brand or patent protection and are trademarks or registered trademarks of their respective holders. The use of brand names, product names, common names, trade names, product descriptions etc. even without a particular marking in this work is in no way to be construed to mean that such names may be regarded as unrestricted in respect of trademark and brand protection legislation and could thus be used by anyone.

Coverbild / Cover image: www.ingimage.com

Verlag / Publisher:
AV Akademikerverlag
ist ein Imprint der / is a trademark of
OmniScriptum GmbH & Co. KG
Heinrich-Böcking-Str. 6-8, 66121 Saarbrücken, Deutschland / Germany
Email: info@akademikerverlag.de

Herstellung: siehe letzte Seite /
Printed at: see last page
ISBN: 978-3-639-86934-7

Copyright © 2015 OmniScriptum GmbH & Co. KG
Alle Rechte vorbehalten. / All rights reserved. Saarbrücken 2015

I   INHALTSVERZEICHNIS

1   Einleitung 1

2   Psychologische Werbewirkung 6

2.1   Messmethoden kognitiver, affektiver & konativer Werbewirkungen 9

2.1.1   Recall-Test und Recognition-Test 10

2.1.2   Imageanalyse 14

2.2   Involvement als Bestimmungsgröße der Werbewirkung 16

3   Werbewirkungsmodelle 21

3.1   Hierarchiemodelle der Werbewirkung 23

3.2   Modell der Wirkungspfade 26

4   Werbewirkung und Akzeptanz von TV-Spots 33

5   Methodik und Aufbau der Studie 40

6   Ergebnisse der Studie 44

6.1   Hypothese I 46

6.2   Hypothese II 48

6.3   Hypothese III 52

6.4   Hypothese IV 55

6.5   Hypothese V 58

7   Conclusio 66

7.1   Zusammenfassung der Ergebnisse 66

7.2   Zukunftsausblick und Handlungsempfehlungen 69

II ABBILDUNGSVERZEICHNIS

Abb. 1: Werbewirkung und Werbeerfolg 8

Abb. 2: Modell der Wirkungspfade bei emotionaler Werbung 28

Abb. 3: Modell der Wirkungspfade bei informativer Werbung 30

Abb. 4: Kognitive Reaktionen bei Werbewiederholungen 37

Abb. 5: Stichprobengröße der Studie 42

Abb. 6: Bildausschnitt TV-Spot Apple Picking 1 43

Abb. 7: Bildausschnitt TV-Spot Apple Picking 2 43

Abb. 8: Polaritäten-Profil „Peter Pfanner und die Apfelernte" 44

Abb. 9: Freie Erinnerungsleistung an alle TV-Spots 46

Abb. 10: Erinnerungsleistung an die unterschiedlichen TV-Spots 47

Abb. 11: Kreuztabelle (ordinal) zu Hypothese II 49

Abb. 12: Chi-Quadrat-Test (ordinal) zu Hypothese II 49

Abb. 13: Kreuztabelle (nominal) zu Hypothese II 51

Abb. 14: Chi-Quadrat-Test (nominal) zu Hypothese II 51

Abb. 15: Levene-Test zu Hypothese III 53

Abb. 16: K-S-Test zu Hypothese III 53

Abb. 17: U-Test nach Mann und Whitney zu Hypothese III 55

Abb. 18: Kontingenzanalyse (ordinal) zu Hypothese IV 56

Abb. 19: Kontingenzanalyse (nominal) zu Hypothese IV 57

Abb. 20: Korrelationskoeffizient zu Hypothese IV 58

Abb. 21: Modell der Wirkungspfade bei emotionaler Werbung und wenig involvierten Personen 59

Abb. 22: Modell der Wirkungspfade bei emotionaler Werbung und involvierten Personen 62

III TABELLENVERZEICHNIS

Tab. 1: TV-Spots für die Studie..19

Tab. 2: Indikatoren des Produktinvolvements...20

Tab. 3: Übersicht diverser Modelle der Werbewirkung...................................22

Tab. 4: Drei-Hierarchie-von-Effekten-Modelle 25

Tab. 5: Bedingungen der Werbewirkung 27

Tab. 6: Zustimmung zur Werbung 34

Tab. 7: Performance verschiedener Werbemittel im Vergleich zum TV-Spot.36

Tab. 8: Indikatoren der allgemeinen Akzeptanz gegenüber Fernsehwerbung..39

Tab. 9: Emotionale Informationsverarbeitung 63

Tab. 10: Einfluss emotionaler Vorgänge auf kognitive Vorgänge...................64

Tab. 11: Kaufabsicht unter verschiedenen Bedingungen 65

IV KURZFASSUNG / ABSTRACT

Der vorliegenden Bachelorarbeit liegt die an Bedeutung gewinnende Messung der psychologischen Werbewirkung am Beispiel des Kommunikationsmittels TV-Spot zugrunde. In diesem Zusammenhang werden kognitive, affektive und konative Aspekte der Werbewirkung beleuchtet sowie entsprechende Messmethoden näher erläutert. Das Augenmerk wird hierbei sowohl im theoretischen als auch im empirischen Teil auf den Recall-Test und den Recognition-Test als Messverfahren der kognitiven Werbewirkung sowie auf die Imageanalyse als Messmethode der affektiven Werbewirkung gelegt. Zusätzlich werden wesentliche Determinanten der psychologischen Werbewirkung eruiert, deren Bedeutung nachfolgend empirisch überprüft wird. Darauf folgt die Auseinandersetzung mit ausgewählten Werbewirkungsmodellen. Es ist das Ziel gesetzt, die verschiedenen Verfahren einander gegenüberzustellen und hinsichtlich ihrer Effizienz zu begutachten. Eine der wichtigsten, aus dieser Arbeit hervorgehenden Erkenntnisse, ist die Feststellung, dass das Involvement und die allgemeine Akzeptanz gegenüber Fernsehwerbung zwar entscheidende Einflussfaktoren der Werbewirkung sind, diese den Erinnerungswert an TV-Spots allerdings nicht maßgebend bestimmen. Diesbezüglich stellt das Modell der Wirkungspfade eine geeignete Möglichkeit zur Erklärung der Werbewirkung dar, da es mehrere Einflussfaktoren und Kommunikationswirkungen zugleich berücksichtigt. Dessen Wirkungspfade konnten empirisch nachvollzogen werden.

Schlagwörter: Werbewirkung, kognitiv, affektiv, konativ, Recall-Test, Recognition-Test, Involvement, TV-Spot

This bachelor paper deals with the relevant measurement of psychological advertising effects with the example of tv-spots. Relating to this, cognitive, affective and conative aspects of advertising effects are examined and methods of measurement are outlined. At this, recall test and recognition test – measuring cognitive advertising effects – on the one hand and image analysis – measuring affective advertising effects – on the other hand are focused in the theoretical part as well as in the empirical part of the thesis. Furthermore, essential determinants of psychological advertising effects are concluded and examined towards their relevance. Moreover, certain models declaring effects of advertising are scanned. The purpose of the research is to contrast the different methods of measurement and to analyze their efficiency. In principle it was found that the involvement as well as the general acceptance towards television advertising are crucial impact factors of advertising effects. However, they do not affect the memorability of tv-spots considerably. Referring to this, the model of impact pathways is an efficient opportunity to declare effects of advertising as several impact factors and effects of communication are considered at once. Its impact pathways were verified empirically.

Keywords: Advertising effects, cognitive, affective, conative, recall test, recognition test, involvement, tv-spot

1 EINLEITUNG

Kroeber-Riel und Esch (2011, 20) geben an, dass durch die gegenwärtige Werbeflut in Deutschland eine Informationsüberlastung von 98% herrscht. Dies ist jener Anteil an Informationen, welcher von den Konsumenten nicht beachtet bzw. nicht aufgenommen wird (Ebli, 2). Dennoch betreiben Unternehmen in großem Ausmaß unterschiedliche Arten der Werbung, um sich so von der breiten Konkurrenz abzuheben (Kroeber-Riel, Esch 2011, 102-103).

Dies führt dazu, dass besonders in der heutigen – von stetig steigendem Wettbewerbsdruck geprägten – Zeit enorm in aufwändige Kommunikationskampagnen investiert wird. Der Erfolg dieser Maßnahmen ist jedoch mit einer hohen Unsicherheit verbunden, was die zunehmende Relevanz der Erfolgsmessung jener Kommunikationsaktivitäten begründet. Einerseits wird hierdurch die Effektivität einzelner Kommunikationsinstrumente gemessen und andererseits wird ermittelt, ob die für den unternehmerischen Erfolg relevanten gesetzten Kommunikationsziele erreicht wurden. (Bruhn 2013, 545-546)

Da der Bereich der Werbeerfolgsmessung in der Kommunikationspolitik sehr breitgefächert ist, wird das Hauptaugenmerk der vorliegenden Bachelorarbeit ausschließlich auf die psychologische Werbewirkungsmessung gelegt. Während sich der *Werbeerfolg* als Ergebnis ökonomischer Auswirkungen der Werbung, wie etwa Absatz, Umsatz, Gewinn oder Marktanteile, definieren lässt, versteht man unter der *Werbewirkung* jene psychischen Vorgänge bei der Zielperson, welche dem Werbeerfolg vorgelagert sind und diesen schlussendlich auch bestimmen (Barg 1981, 927). Im weiteren Verlauf wird diesbezüglich einem weit verbreiteten Ansatz der Einteilung gefolgt, nach welchem sich kognitive, affektive und konative Kommunikationswirkungen unterscheiden lassen (Meffert et al. 2015, 732). Bruhn (2013, 181) bestätigt die zunehmende Bedeutung jener gedanklichen und emotionalen Vorgänge bei den Werbeempfängern und nennt diese als Grund dafür, weshalb aktuell vorrangig Werbewirkungen im Sinne psychologischer Ziele verfolgt würden.

In diesem Zusammenhang führte eine Studie der Bauer Media Group (2007, online) zu dem Ergebnis, dass zukünftig psychologische Werbeziele wie *Markentreue und Kundenbindung* sowie *Vertrauen und Glaubwürdigkeit* und *Image* die wichtigsten Werbeziele darstellen. Im Gegensatz zu ursprünglich verfolgten ökonomischen Werbezielen, wie beispielsweise dem steigenden Absatz von Produkten, trägt demzufolge die Tiefe einer Kundenbeziehung vorranging zum Erfolg eines Unternehmens bei (Bauer Media Group 2007, online). Auch diese durchgeführte Studie belegt den Umstand, dass gegenwärtig der Messung außerökonomischer Wirkungen der Werbung eine steigende Relevanz zugesprochen wird.

Ferner wird der Gegenstand der psychologischen Werbewirkungsmessung in der vorliegenden Arbeit auf das Kommunikationsmittel TV-Spot beschränkt, um eine möglichst profunde Auseinandersetzung mit dem nun eingeschränkten Themengebiet gewährleisten zu können.

Die allgemeine Einstellung und Akzeptanz gegenüber TV-Spots stellt eine wesentliche Determinante der Werbewirkung dar (vgl. Mehta 2000, 69-70; Mittal 1994, 35-36; Donthu et al. 1993, 68; MacKenzie, Lutz 1989, 52-54). Aufgrund des stetig zunehmenden Werbevolumens im Fernsehen ist jedoch von einer sinkenden Akzeptanz der Werbeempfänger gegenüber TV-Spots und eine daraus resultierende Informationsabwehr zu nennen (Bak 2014, 2). So gaben bei einer Umfrage der Bauer Media Group (2014, online) 86% der Befragten an, endlose Werbeblöcke seien der größte Störfaktor im Fernsehen. Dementsprechend nimmt die kognitive Werbewirkung im Sinne der Erinnerungsleistung an einzelne TV-Spots ab (Friedrichsen, Friedrichsen 2004, 15). Außerdem besteht gemäß Friedrichsen und Friedrichsen (2004, 15) die zusätzliche Gefahr der Übertragung einer subjektiven negativen Wahrnehmung des TV-Spots auf das allgemeine Image der Marke. In diesem Fall ist die affektive Werbewirkung betroffen. Da die kognitiven und affektiven Werbewirkungen die konative, nämlich verhaltensbezogene Komponente, wie beispielsweise die Kaufbereitschaft bezüglich eines Produktes oder die Loyalität gegenüber einer Marke, beeinflussen (Trommsdorff 2009, 154), nimmt folglich bei sinkenden kognitiven und affektiven Werbewirkungen auch die konative Wirkung ab. Die genannten Aspekte begründen die wachsende Bedeutung der Werbewirkungsforschung. Fahr, Kaut und Brosius (2014, 23) geben an, dass bezüglich der Messung der Werbewirkung zudem das Involvement zu einer wesentlichen Bestimmungsgröße geworden ist. Dieses wird im Verlauf der Arbeit ausführlich erläutert.

Hinsichtlich des Standes der Forschung sind im Laufe der Zeit diverse Modelle zur Erklärung und Nachvollziehung der Werbewirkung entwickelt worden (Kroeber-Riel, Esch 2011, 229). Auf ausgewählte Modelle wird in der vorliegenden Arbeit Bezug genommen. Während diesbezüglich Hierarchie- oder Stufenmodelle einen exakten Ablauf der Werbewirkungsreihenfolge vorsehen, sind beispielsweise bei dem Modell der Wirkungspfade (Kroeber-Riel, Meyer-Hentschel 1982) Wechselwirkungen zwischen den einzelnen Stufen möglich (Kroeber-Riel et al. 2009, 634).

Ausgehend von der Problemstellung, soll im Verlauf der Arbeit auf themenspezifische Begriffe, wie das Involvement, Recall- und Recognition-Test, Imageanalysen und die Akzeptanz sowie Werbewirkung von Werbespots, näher eingegangen werden. Des Weiteren sollen für die Bearbeitung des empirischen Teiles die folgenden aus der Problemstellung hervorgehenden Hypothesen geprüft werden:

I.   Beim **Wiedererkennen** wird mehr reproduziert als beim **Erinnern**, wobei das gestützte Erinnern höhere Erinnerungswerte mit sich bringt als das freie Erinnern.

II. Es besteht eine Abhängigkeit zwischen dem **Involvement** gegenüber einem Produkt und der **freien Erinnerungsleistung** an den entsprechenden TV-Spot.

III. Es besteht ein Zusammenhang zwischen der allgemeinen **Akzeptanz** von TV-Spots und der **freien Erinnerungsleistung** an TV-Spots.

IV. Es besteht ein Zusammenhang zwischen dem **Gefallen** an einem TV-Spot und der **Kaufbereitschaft** gegenüber dem beworbenen Produkt.

V.   Die **Wirkungspfade** emotionaler Werbung können gemäß des Modells der Wirkungspfade anhand des TV-Spots von *Pfanner* nachvollzogen werden.

Das Ziel der vorliegenden Arbeit ist, ausgehend von der Problemstellung die angeführten Themen sowie Hypothesen anhand einer systematischen Vorgehensweise und des Einsatzes wissenschaftlicher Methoden theoretisch und empirisch zu bearbeiten.

Zur erfolgreichen Herangehensweise wird zunächst im theoretischen Teil der Bachelorarbeit die Relevanz der psychologischen Werbewirkung näher erläutert. In einem weiteren Schritt wird aufgezeigt, welche Methoden zur Messung der kognitiven, affektiven und konativen Kommunikationswirkungen gewählt werden können. Diesbezüglich wird einerseits verstärkt auf den Recognition-Test und den Recall-Test als Messmethoden der kognitiven Werbewirkung und andererseits auf die Imageanalyse als Messmethode der affektiven Werbewirkung eingegangen. Ferner wird das Involvement als Bestimmungsgröße der Werbewirkung genauer untersucht. In Kapitel 3 folgt die Betrachtung diverser theoretischer Werbewirkungsmodelle und eine kritische Würdigung derer Effizienz. Hier werden zum einen das S-O-R-Paradigma und einige der darauf basierenden Hierarchiemodelle als theoretischer Bezugsrahmen herangezogen. Zum anderen wird das Modell der Wirkungspfade begutachtet, welches im Gegensatz zu Hierarchiemodellen Wechselwirkungen zwischen den einzelnen Stufen ermöglicht (Kroeber-Riel, Gröppel-Klein 2013, 677). Kapitel 4 schließt den theoretischen Teil der vorliegenden Arbeit ab und beschäftigt sich mit dem Kommunikationsmittel TV-Spot und der Frage nach dessen Werbewirkung und entgegengebrachter Akzeptanz.

Für den empirischen Teil ist das Ziel gesetzt, die angegebenen Hypothesen mittels einer quantitativen Marktforschung zu prüfen. Hierbei sollen ausgewählte Messmethoden der kognitiven, affektiven und konativen Werbewirkung zur Kontrolle psychologischer Reaktionen der Zielpersonen herangezogen werden: Mittels Recognition-Test sowie gestütztem und ungestütztem Recall-Test soll untersucht werden, ob und inwiefern ausgewählte Werbespots erinnert werden. Außerdem sollen die Anmutungsqualität und das Image des entsprechenden TV-Spots ermittelt werden. In einem weiteren Schritt erfolgt die empirische Überprüfung des Modells der Wirkungspfade (Kroeber-Riel, Meyer-Hentschel 1982). Hier ist das Ziel gesetzt, die Wirkungspfade emotionaler Werbung bei wenig bzw. stark involvierten Konsumenten nachzuvollziehen.

Als Grundlage für die Überprüfung der angegeben Hypothesen dient der aktueller TV-Spot der Hermann Pfanner Getränke GmbH „Apple Picking" / „Peter Pfanner und die Apfelernte" (Youtube 2014, online). Der genaue Ablauf der ge-

planten Markftforschung orientiert sich an einer vergleichbaren experimentarti-
gen Studie von Fahr, Kaut und Brosius (2014, 35-37) sowie an einer Untersuchung von Sieglerschmidt (2008, 153-171) und wird zu Beginn des Empirie-
Teils näher erläutert. Nach Abschluss der empirischen Studie sollen am Ende der
vorliegenden Arbeit die Ergebnisse zusammengefasst sowie ein Zukunftsausblick und Handlungsempfehlungen gegeben werden.

Bezüglich geschlechtergerechter Sprache wird in der vorliegenden Arbeit zur
besseren Verständlichkeit ausschließlich die männliche Form verwendet. Sollte
es sich nicht ausdrücklich um spezifische Einzelpersonen handeln, sind stets
beide Geschlechter gemeint.

2 PSYCHOLOGISCHE WERBEWIRKUNG

Zu Beginn des Kapitels soll zunächst der Begriff der *Werbung* geklärt werden, bevor genauer auf deren Wirkung eingegangen wird. In der themenrelevanten Literatur finden sich zur Begriffsdefinition etliche Ansätze (vgl. z.B. Kroeber-Riel, Gröppel-Klein 2013, 671-672). Einige dieser werden nachfolgend gegenübergestellt. Ältere Begriffsbestimmungen (z.B. Seyffert 1966; Behrens 1963) weisen einen normativen Charakter auf, wodurch bestimmte unerwünschte Sachverhalte der Werbung ausgeschlossen werden (Kroeber-Riel, Gröppel-Klein 2013, 630). Demnach beschreibt Seyffert (1966, 7) Werbung als „eine Form der seelischen Beeinflussung, die durch bewussten Verfahrenseinsatz zum freiwilligen Aufnehmen, Selbsterfüllen und Weiterpflanzen des von ihr dargebotenen Zweckes veranlassen will". Ähnlich definiert Behrens (1963, 12) Werbung als „absichtliche und zwangsfreie Form der Beeinflussung, welche die Menschen zur Erfüllung der Werbeziele veranlassen soll".

Eine solche „Entproblematisierung der Wirklichkeit" lässt jedoch keine Messung von Begrifflichkeiten wie „freier Wille" oder „Zwang" zu und verhindert zudem die Thematisierung relevanter Werbeeffekte, wie etwa die unbewusste Beeinflussung der Werbeempfänger (Kroeber-Riel, Gröppel-Klein 2013, 630). Aus diesen Gründen beziehen sich aktuelle Begriffsbestimmungen häufig auf die Beschreibung des Werbevorgangs an sich (Sieglerschmidt 2008, 24): Kroeber-Riel und Esch (2011, 50) bezeichnen Werbung als „versuchte Einstellungs- und Verhaltensbeeinflussung mittels besonderer Kommunikationsmittel", während Fahr, Kaut und Brosius (2014, 15) (Fernseh-)Werbung als „absichtlichen und erkennbaren Versuch der Beeinflussung durch systematische strategische Anwendung von Gestaltungstechniken" auffassen. Auch Pethig (2003, 145) beschreibt Werbung auf ähnliche Weise als „die Verbreitung von Werbegütern unter Verwendung eines Mediums (…) mit dem Ziel, die Einstellung von Konsumenten zu dem beworbenen Produkt oder Unternehmen in einer für Absatz und / oder Image des Unternehmens günstigen Weise zu beeinflussen". Die genannten modernen Definitionsansätze beleuchten zwar verschiedene Aspekte des Werbebegriffs unterschiedlich stark (Sieglerschmidt 2008, 24), beinhalten jedoch alle zwei zentrale Merkmale: Zum einen beschreibt Werbung einen Kommunikationsvorgang und zum anderen beeinflusst Werbung das Erleben und / oder Verhalten der Werbeempfänger (Vakratsas, Ambler 1999, 26).

Folgt man Kroeber-Riel und Gröppel-Klein (2013, 657), so fordern die Ergebnisse der empirischen Forschung die Unterscheidung von vier Wirkungsarten der Massenkommunikation: Während die *Informationswirkung* auf die Vermittlung von Wissen abzielt, ist es Gegenstand der *Beeinflussungswirkung*, Meinungen der Botschaften-Empfänger zu verstärken. Die Veränderung von Einstellungen ist wiederum auf die *Überzeugungswirkung* zurückzuführen, wohingegen sich die *Nutzenwirkung* speziell auf die individuelle Bedürfnisbefriedigung der Zielpersonen bezieht. Ausgehend von diesen allgemeinen Arten der Medienwirkung, wird im Folgenden näher auf die Dimensionen der psychologischen Werbewirkung eingegangen.

In Zeiten starken Wettbewerbsdrucks ist die Kenntnis über die Werbewirkung auf Konsumenten für Werbetreibende von großer Bedeutung (Kroeber-Riel, Esch 2011, 195). Denn wenn die Reaktionen der Zielpersonen auf der psychologischen Ebene bekannt sind bzw. abgeschätzt werden können, ist es auch möglich, das Risiko für die Verwendung diverser Kommunikationsmaßnahmen zu kalkulieren und deren Einsatz zu planen (Burst 2002, 8). Dementsprechend hoch ist die Bedeutung, welche der Erfolgskontrolle der Kommunikation beigemessen wird (Bruhn 2013, 545).

An dieser Stelle ist zunächst eine Begriffsabgrenzung zwischen Werbeerfolg und Werbewirkung vorzunehmen. Während der *Werbeerfolg* in diesem Zusammenhang das Ergebnis ökonomischer Auswirkungen der Werbung, wie Veränderungen des Absatzes, Umsatzes, oder der Marktanteile, darstellt, versteht man unter der *Werbewirkung* die psychischen Vorgänge bei den Konsumenten, welche dem Werbeerfolg vorgelagert sind und diesen letztlich auch bestimmen (Barg 1981, 927):

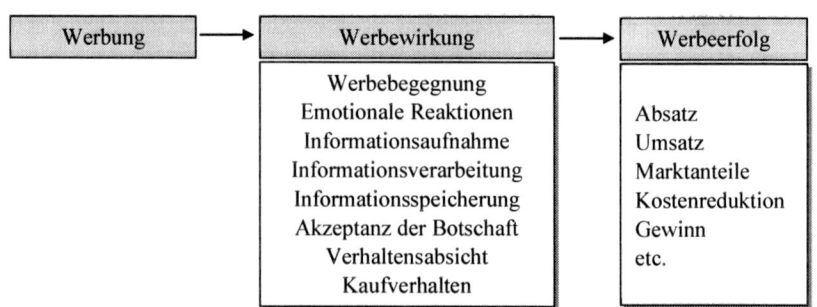

Abb. 1: Werbewirkung und Werbeerfolg (eigene Darstellung; in Anlehnung an Barg 1981, 927)

Da der Fokus der vorliegenden Arbeit auf der *Messung* der außerökonomischen Werbewirkung liegt, ist zu allererst die Festlegung und Definition psychologischer Ziele von großer Bedeutung. Je konkreter diese Werbeziele formuliert werden, desto besser gestaltet sich später auch deren Überprüfung sowie die Kontrolle der gesamten Werbewirkung (Bak 2014, 147). Gemäß Derieth (1995, 37) bilden solche psychologischen Ziele essentielle Zwischenstufen zur Erreichung der (oft ökonomischen) Oberziele eines Unternehmens. Wie in der Einleitung bereits erwähnt, wird diesbezüglich nachfolgend einem weit verbreiteten Ansatz gefolgt, nach welchem sich die Werbewirkungen bzw. die damit verbundenen Zielsetzungen in kognitive, affektive und konative Aspekte untergliedern lassen.

Psychologische Ziele im kognitiven Sinn nehmen auf die Wahrnehmung, Erinnerung und Kenntnis von diversen Angeboten eines Unternehmens Bezug. Aspekte wie Markenbekanntheit oder Markenwissen sind in diesem Zusammenhang wesentliche Voraussetzungen, welche Personen zum Kauf bestimmter Marken oder Produkte bewegen. (Bruhn 2013, 182)

Während kognitiv-orientierte Ziele die Informationsaufnahme sowie -verarbeitung und -speicherung steuern, zielt der affektive Aspekt darauf ab, die Marke gegenüber der Konkurrenz abzugrenzen und durch dementsprechende Positionierung ein individuelles Image zu erlangen (Bak 2014, 148). Affektiv-orientierte Ziele verfolgen Emotionen auslösende Kommunikationswirkungen, wie beispielsweise den Sympathieaufbau oder die Einstellung zu einer Marke durch ausgewählte Kommunikationsmaßnahmen (Bruhn 2013, 182).

Der dritte Aspekt der Kommunikationswirkungen befasst sich mit konativ-ori-
entierten Zielen, welche das Kaufverhalten der Konsumenten beeinflussen und
diese zu aktiven Handlungen bewegen sollen (Bak 2014, 148). Meffert, Burmann
und Kirchgeorg (2015, 732) nennt zudem die Beeinflussung des Weiterempfeh-
lungsverhaltens als zentralen Aspekt der konativen Werbewirkung.

Zusammenfassend ist unter psychologischer Werbewirkung eine finale Verhaltensänderung, wie beispielsweise ein Produktkauf, zu verstehen, welche auf den
oben beschriebenen inneren Vorgängen basiert. Eine *wirksame* Werbung nimmt
demzufolge in erwünschter Weise Einfluss auf das Erleben und / oder das Verhalten der Konsumenten (Vakratsas, Ambler 1999, 26). Dennoch bleibt die psychologische Werbewirkung ein komplexes Phänomen, für welches es aufgrund
der unterschiedlichen Konzeptionen keine allgemeine Theorie gibt (Kloss 2012,
55). Im Folgenden werden die einzelnen Kommunikationswirkungen näher beleuchtet und mögliche Methoden zur Messung dieser erläutert.

2.1   Messmethoden kognitiver, affektiver & konativer Werbewirkungen

Gemäß Bruhn (2013, 550) stellt die Effektivitätskontrolle eine Form der Erfolgskontrolle in der Kommunikation dar, welche sich damit auseinandersetzt, psychologische Reaktionen der Konsumenten in Bezug auf eingesetzte Kommunikationsmaßnahmen zu überprüfen. Für die Messung der kognitiven, affektiven
und konativen Werbewirkungen können unterschiedliche Instrumente herangezogen werden. Diese werden wiederum in Methoden der Befragung und Methoden der Beobachtung untergliedert (Bruhn 2013, 552):

Beobachtbare kognitive Werbewirkungen, wie beispielsweise erzeugte Aufmerksamkeit oder Aktivierung seitens der Konsumenten, können mittels Blick-
aufzeichnung, Aktivierungsmessungen oder durch Beobachtung des Aufnahme-
verhaltens kontrolliert werden (Bruhn 2013, 553). Werbewirkungen können aber
nicht nur beobachtet, sondern auch bei den Zielpersonen erfragt werden. Diesbezüglich ermöglichen Methoden der freien oder gestützten Wiedergabe die Abfrage nach der Erinnerung bzw. Wiedererkennung an gewisse Kommunikationsmittel (Bak 2014, 149). In diesem Zusammenhang stellen Recall- und Recognition-Tests geeignete Instrumente der kognitiven Werbewirkungsmessung dar

(Meffert et al. 2015, 732). Außerdem werden in der Praxis Assoziations- und Satzergänzungstest sowie Wahrnehmungs- und Verständnismessungen eingesetzt, um kognitive Wirkungen durch Befragung messen zu können (Bruhn 2013, 552).

Als Methoden für die Beobachtung affektiver Werbewirkungen können die gleichen, oben genannten Instrumente herangezogen werden, wie sie auch zur Ermittlung der kognitiven Wirkungen eingesetzt werden (Bruhn 2013, 561). Um allerdings affektive Wirkungen, wie die Interessenssteigerung oder Imagewahrnehmung seitens der Konsumenten gegenüber einer bestimmten Marke *erfragen* zu können, werden unter anderem Imageanalysen oder Verfahren zur Einstellungsmessung durchgeführt (Meffert et al. 2015, 732).

Konative Werbewirkungen können wiederum durch Verhaltensregistrierung oder den Einsatz von Panels und Testmärkten beobachtet werden (Bruhn 2013, 552). Des Weiteren werden konative Effekte mittels Abfrage der Weiterempfehlungsbereitschaft oder Kaufbereitschaft hinsichtlich eines bestimmten Produktes oder einer Marke erfasst (Bak 2014, 149). An dieser Stelle ist hervorzuheben, dass die verhaltensbezogene Komponente häufig von der kognitiven und affektiven Wirksamkeit einer Kommunikationsmaßnahme beeinflusst wird (Trommsdorff 2009, 154).

Für den weiteren Verlauf der vorliegenden Arbeit wird das Hauptaugenmerk auf ausgewählte Messmethoden der *Befragung* gelegt. Diese sollen zunächst in der Theorie untersucht und später in der Empirie angewandt werden. In diesem Zusammenhang wird nachfolgend auf den Recognition-Test und den Recall-Test im Sinne der kognitiven Werbewirkungskontrolle näher eingegangen. Bezüglich der Überprüfung affektiver Kommunikationswirkungen wird die Methode der Imageanalyse genauer beleuchtet.

2.1.1 Recall-Test und Recognition-Test

Felser (2007, 453) erwähnt, dass die Erinnerung eine entscheidende Determinante der Werbewirkung darstellt. Denn Werbung kann nur eine Wirkung hinterlassen, wenn sie auch gesehen wird und Eingang in das Gedächtnis gefunden hat (Kloss 2012, 109). Mittels Messung der freien und gestützten Gedächtnisleistung wird im Rahmen der Werbewirkungsforschung ermittelt, an welche Informationen sich Zielpersonen erinnern können: Durch die Anwendung von Recognition-Tests sowie gestützten und ungestützten (freien) Recall-Tests können unterschiedliche Erinnerungswerte eruiert werden (Kroeber-Riel, Gröppel-Klein 2013, 454). Nachfolgend werden die genannten Methoden genauer erläutert sowie einer kritischen Betrachtung unterzogen.

Der Recall-Test misst die Erinnerung bzw. das Gelernte, was Konsumenten in Hinblick auf ein bestimmtes Kommunikationsmittel – in diesem Fall auf TV-Spots – wiedergeben können. Dieses Verfahren untergliedert sich in eine gestützte und eine ungestützte Variante. Während den Zielpersonen beim gestützten Recall-Test Produktkategorie, Markenname oder -logo als Hilfestellung für die Erinnerung vorgelegt werden, erfolgt die Abfrage der Gedächtnisleistung beim freien Recall ohne jegliche Stütze. (Bruhn 2013, 558)

Werte wie vage Erinnerungsbilder bzw. passive Gedächtnisreste werden – im Gegensatz zum gestützten Recall – beim freien Recall nicht berücksichtigt. Das bedeutet, dass sich beim gestützten Recall-Test durch die Abfrage der Erinnerungsleistung an die Schwerpunkte einer Werbebotschaft andere Erinnerungswerte ergeben, als bei der ungestützten Version des Tests. Bezogen auf TV-Spots stellt der Gallup-Impact-Test eine weit verbreitete Möglichkeit der Messung gestützter Erinnerung dar: Hier setzt sich der Recall-Wert aus Marken- und Produktstützung sowie der individuellen Spoterinnerung einzelner Testpersonen zusammen. Jene Probanden, die sich an wesentliche Elemente des TV-Spots erinnern können, werden im eruierten Erinnerungswert erfasst. (Schweiger, Schrattenecker 2009, 358)

Eine weitere Variante des Recall-Tests, welche oft für die Werbewirkungskontrolle von TV-Spots eingesetzt wird, stellt die DAR-Methode dar. Hier werden Testpersonen einen Tag nach Ausstrahlung der Fernsehwerbung befragt, ob sie sich an den entsprechenden TV-Spot erinnern können und wenn ja, an welche Elemente explizit. Trotz des Vorteils der Überprüfung des Langzeitgedächtnisses, wird die Reliabilität und Validität des DAR-Tests bezweifelt. (Kroeber-Riel, Gröppel-Klein 2013, 454-455)

Bruhn (2013, 558) gibt diesbezüglich an, dass Recall-Tests die für ein Kommunikationsmittel strengsten und gleichzeitig realistischsten Ergebnisse hinsichtlich erzielter Kommunikationswirkungen liefern, wodurch in Bezug auf die Erinnerungswirkung validere Werte erzeugt werden als bei Recognition-Tests. Allerdings ist zu beachten, dass diverse Einflussfaktoren, wie beispielsweise das Interesse oder die Einstellung gegenüber einem bestimmten Produkt, den Erinnerungswert beeinflussen und verfälschen können (Bruhn 2013, 559). In diesem Zusammenhang wird in Kapitel 2.2 das Involvement als Einflussfaktor der Werbewirkung näher erläutert.

Anders als beim Recall-Test, bekommen die Testpersonen beim Recognition-Test das entsprechende Kommunikationsmittel – z.B. einen TV-Spot – vorgezeigt und werden gefragt, ob sie das Werbemittel wiedererkennen (Schweiger, Schrattenecker 2009, 358). Hier ist der Starch-Test eine gängige Methode, bei welcher gemäß Moser (1990, 56-57) die Maßgrößen *noted* (das Werbemittel wurde bereits einmal gesehen), *seen* (das Werbemittel wurde gesehen und Elemente daraus können aus dem Gedächtnis wiedergegeben werden) und *read/seen most* (mehr als die Hälfte des Werbemittels wurde wahrgenommen) eingesetzt werden.

Bei dieser Form des Recognition-Tests kommt es allerdings häufig zu beträchtlichen Fehlern, da es vorkommen kann, dass Testpersonen ein gutes Erinnerungs- bzw. Wiedererkennungsvermögen unter Beweis stellen wollen, oder sogar falsche Angaben machen. Deshalb ist es notwendig, Werbemittel einzubauen, welche sicher noch nicht von den Probanden gesehen wurden, um eine Verfälschung des Ergebnisses zu vermeiden. (Schweiger, Schrattenecker 2009, 358)

Um den Recognition-Test einer weiteren kritischen Betrachtung zu unterziehen, ist die hohe Retest-Reliabilität positiv hervorzuheben, welche besagt, dass Testwiederholungen bezüglich der Wirkung unterschiedlicher Kommunikationsmittel zu beinahe gleichen Ergebnissen führen (Bruhn 2013, 557).

Zusammenfassend ist zu erwähnen, dass beim gestützten Erinnern wesentlich mehr reproduziert wird als beim freien Erinnern (Felser 2007, 454). Vergleicht man den Recall-Test mit dem Recognition-Test, so belegen Lerman und Garbarino (2002, 632-633) sowie Du Plessis (1994, 86) in ihren durchgeführten Studien, dass das Wiedererkennen leichter fällt als das Erinnern. Außerdem erforschten Bagozzi und Silk (1983, 111-112), dass das Interesse der Zielperson an der Werbung die Ergebnisse des Recognition-Tests verstärkt beeinflusst. Im Gegensatz dazu lassen die Ergebnisse aus Recall-Tests auf geringere konative Wirkungen, wie etwa die Beeinflussung des Kaufverhaltens, schließen (Young, Robinson 1992, 51). Folgt man (Felser 2007, 454), so reicht jedoch das gestützte Erinnern aus, um die Werbeerinnerung der Zielpersonen zu messen. Er begründet seine Aussage damit, dass bei mehreren Alternativen stets jene Marke bzw. jenes Produkt gekauft wird, an welches sich der Konsument durch die entsprechende gesehene Werbung erinnert (Felser 2007, 454).

An dieser Stelle ist auf die unterschiedliche Bedeutung von Markenrecognition und Markenrecall in Bezug auf das Kaufverhalten hinzuweisen: Die Markenrecognition misst die passive Markenbekanntheit, welche besagt, dass sich Konsumenten ausschließlich an die Marke erinnern können, wenn sie diese auch sehen. Der Markenrecall hingegen gibt die aktive Markenbekanntheit bei den Zielpersonen an, bei welcher die Konsumenten aus dem Gedächtnis eine bestimmte Marke nennen können. Die Relevanz dieser aktiven Erinnerung ist besonders bei Kaufentscheidungen gegeben, welche bewusst und bereits im Vorhinein getroffen werden. (Kroeber-Riel, Gröppel-Klein 2013, 455)

Diesbezüglich hebt Kroeber-Riel (1988, 184) hervor, dass die Steigerung dieser aktiven Markenbekanntheit wesentlich zum Anstieg der Markennachfrage beiträgt.

Abschließend ist festzuhalten, dass die mittels Durchführung von Recognition-Tests sowie gestützten und ungestützten Recall-Tests ermittelten Erinnerungswerte je nach Zielsetzung von unterschiedlicher Relevanz sind. Wie bereits erwähnt, kann das bloße Wiedererkennen einer Marke für konative Handlungen, wie Kaufentscheidungen, bereits ausreichend sein (Felser 2007, 454). Im Gegensatz dazu ist jedoch eine inhaltliche Auseinandersetzung mit der Werbung, welche mittels Recall-Test erfasst wird, erstrebenswert, wenn ein gutes Verständnis sowie detailliertes Wissen gegenüber dem beworbenen Produkt bzw. der Marke erfordert wird (Kasprik 1994, 252).

Im empirischen Teil der vorliegenden Arbeit sollen Unterschiede der durch Recall- und Recognition-Test ermittelten Erinnerungswerte ermittelt und analysiert werden. Diesbezüglich wird die Hypothese geprüft „Beim Wiedererkennen wird mehr reproduziert als beim Erinnern, wobei das gestützte Erinnern höhere Erinnerungswerte mit sich bringt als das freie Erinnern".

2.1.2 Imageanalyse

Dieser Abschnitt behandelt die Imageanalyse als Methode der Überprüfung affektiver Kommunikationswirkungen. Das Image wird gemäß Schweiger und Schrattenecker (2009, 362) als gefühlsmäßiges Gesamtbild eines Produktes bzw. einer Marke definiert, welches sich im Zeitablauf verfestigt.

In diesem Zusammenhang ist die Einstellung ein verwandter Begriff des Images. Trommsdorff (2009, 146) formuliert die Einstellung als positive oder negative Reaktion gegenüber einem bestimmten Objekt, welche sowohl eine situative, als auch eine Lern- und Verhaltenskomponente mit sich bringt. Das bedeutet, dass die Wirkung der Einstellung auf das Verhalten entsprechend der jeweiligen Situation variiert (Trommsdorff 2009, 146). Kroeber-Riel und Gröppel-Klein (2013, 233) gebrauchen die Begriffe *Image* und *Einstellung* synonym, da den beiden Konstrukten sehr ähnliche Merkmale zugesprochen werden: So ist das Image unter anderem abhängig von jenen mit der Marke in Verbindung gebrachten Emotionen sowie von den Motiven, welche die Konsumenten befriedigen wollen. Außerdem werden zur Messung des Images häufig Verfahren der Einstellungsmessung, herangezogen (Kroeber-Riel et al. 2009, 210). Diese erfolgt entweder eindimensional (z.B. mittels Likert-Verfahren) oder mehrdimensional (z.B. mittels Anwendung von semantischem Differenzial) und spiegelt zugleich affektive Kommunikationswirkungen wieder (Trommsdorff 2009, 167).

Im Folgenden wird die Anwendung eines semantischen Differenzials näher erläutert, mittels welchem Einzeleindrücke – im Falle der vorliegenden Arbeit von einem TV-Spot – zu einem Gesamteindruck zusammengefasst werden (Bruhn

2013, 564). Hierfür werden mehrere Adjektivpaare mit gegensätzlichen Eigenschaften gebildet, welche jeweils die Pole einer Rating-Skala bilden (Kroeber-Riel, Gröppel-Klein 2013, 271). Da die Testpersonen für jedes Gegensatzpaar einen entsprechenden Wert zwischen den beiden Extremen ankreuzen, ergibt sich ein übersichtliches Polaritäten-Profil, welches das durchschnittliche Gesamtbild des TV-Spots reflektiert (Bak 2014, 149). In weiterer Folge lassen sich einerseits Maßnahmen zur Image- bzw. Einstellungsverbesserung der Marke oder des TV-Spots bei den Zielgruppen ableiten (Bruhn 2013, 565) und andererseits Vergleiche mit den Image-Profilen konkurrierender Marken / TV-Spots oder des Idealprodukts anstellen (Schweiger, Schrattenecker 2009, 363). Im empirischen Teil der vorliegenden Arbeit soll mittels Anwendung von semantischem Differenzial ein Polaritäten-Profil des aktuellen TV-Spots von *Pfanner* erstellt werden, um dessen Image darstellen sowie Stärken und Schwächen aufdecken zu können.

Folgt man Aaker (1997, 347), so lässt sich das Image einer Marke durch deren Persönlichkeit ausdrücken, welche sich aus einer Reihe „menschlicher" Eigenschaften, die mit der Marke assoziiert werden, zusammensetzt.

Hierfür bilden fünf Dimensionen das Grundgerüst der Markenpersönlichkeit, die wiederum jeweils durch einen Satz dazu passender Eigenschaften gemessen werden. Während sich die Facette *Aufrichtigkeit* beispielsweise durch die Attribute ehrlich und heiter bestimmen lässt, setzt sich die Dimension *Aufregung* durch Eigenschaften wie fantasiereich, aktuell und energisch zusammen. Die *Kompetenz* einer Marke wird mit Attributen wie zuverlässig, erfolgreich und intelligent festgelegt und Eigenschaften wie bezaubernd und ansehnlich bestimmen die *Erfahrenheit / Klugheit* einer Marke. Letztlich wird die *Stärke* einer Marke durch Attribute wie tough und beständig definiert. (Aaker 1997, 352).

Dieses Konstrukt der Markenpersönlichkeit ermöglicht die Erfassung des gegenwärtigen Bildes bzw. Images einer Marke und unterstützt in weiterer Folge die Formulierung des gewünschten zukünftigen Images (Aaker 1997, 348). Aakers Modell der Markenpersönlichkeit soll im empirischen Teil in die Messung der wahrgenommene Persönlichkeit des TV-Spots von *Pfanner* mit eingebracht werden, um anschließend ein durchschnittliches Polaritäten-Profil erstellen zu können.

Wie bereits erwähnt, wird die konative, verhaltensbezogene Komponente häufig von der kognitiven und affektiven Wirksamkeit einer Kommunikationsmaßnahme beeinflusst (Trommsdorff 2009, 154). Auch Kroeber-Riel und Gröppel-Klein (2013, 244) gehen von der Annahme aus, dass die steigende Intensität eines positiven Images gegenüber eines bestimmten Objektes die Kaufwahrscheinlichkeit positiv beeinflusst. Diesbezüglich soll im empirischen Teil die Hypothese geprüft werden „Es besteht ein Zusammenhang zwischen dem Gefallen an einem TV-Spot *(Pfanner)* und der Kaufbereitschaft gegenüber dem beworbenen Produkt *(Fruchtsaft)*".

2.2 Involvement als Bestimmungsgröße der Werbewirkung

Eingangs wurde bereits erwähnt, dass das Involvement eine wesentliche Determinante zur Erklärung der Werbewirkung geworden ist (Fahr et al. 2014, 23). Krugman (1965, 355), welcher den Begriff in die Werbewirkungsforschung einführte, definiert Involvement als „Anzahl von Verknüpfungen oder persönlichen Referenzen in der Minute, welche der Werbeempfänger zwischen seinem eigenen Leben und dem entsprechenden Stimulus macht" – keinesfalls sei das Involvement hingegen mit „Aufmerksamkeit", „Interesse" oder „Erregung des Zuschauers" zu gleichzusetzen. In der themenrelevanten Literatur lässt sich für das Involvement jedoch keine einheitliche Definition finden; so wird es beispielsweise von Kroeber-Riel und Esch (2011, 195) als „Engagement, mit dem sich jemand einem Gegenstand oder einer Aktivität zuwendet" beschrieben. Antil (1984, 204) bezeichnet Involvement wiederum als „Grad persönlicher Wichtigkeit und / oder des persönlichen Interessens, der durch einen Stimulus (…) in einer bestimmten Situation hervorgerufen wird". Für den weiteren Verlauf der Arbeit wird Antils Definition herangezogen, da diese in den Augen der Autorin ausführlich genug ist, um alle relevanten Faktoren mit einzubeziehen. Der in dieser Definition genannte „Stimulus" bezieht sich im theoretischen Teil der vorliegenden Arbeit auf TV-Spots im Allgemeinen, während das Augenmerk für den empirischen Teil auf den aktuellen TV-Spot des Getränkeherstellers *Pfanner* gelegt wird. Dieser ist dreigeteilt und setzt sich aus zwei kurzen Sequenzen (4 sec bzw. 6 sec) und einer längeren Sequenz (14 sec) zusammen. Zwischen den einzelnen Ausschnitten werden jeweils andere TV-Spots gezeigt.

Folgt man den klassischen Theorien des Involvement-Konstrukts, so ist die Werbewirkung von einer *aktiven* Aufnahme seitens der Konsumenten abhängig (Kloss 2012, 92). Diesbezüglich erwähnen Kroeber-Riel und Esch (2011, 195), dass nur eine starke Aktivierung die Konsumenten zur gedanklichen und emotionalen Auseinandersetzung mit dem entsprechenden Produkt anregt. Dies liegt daran, dass hoch-involvierte Werbeempfänger Informationen bewusst verarbeiten und Einstellungen zu bestimmten Produkten oder Marken bereits vorhanden sind (Kloss 2012, 95). Die Werbebotschaft wird also umso schneller gelernt, je höher das Involvement der Empfänger ist (Kroeber-Riel, Esch 2011, 228). Während Konsumenten umso höher involviert sind, je wichtiger das entsprechende Produkt erachtet wird bzw. je höher das mit dem Produktkauf verbundene Risiko erscheint, stehen Produkten mit geringen finanziellen, psychologischen oder sozialen Risiken weniger involvierte Personen gegenüber (Schweiger, Schrattenecker 2009, 206-207). Wenig involvierte Werbeempfänger werden gemäß Petty, Cacioppo und Schumann (1983, 138) auf peripherem Wege beeinflusst, was bedeutet, dass sie nur beschränkt Informationen über das beworbene Produkt aufnehmen; die Werbung hinterlässt also kaum kognitive Wirkungen (gedankliche Auseinandersetzung mit dem Gesehenen). Vielmehr werden wenig involvierte Personen von gefühlsmäßigen Nebensächlichkeiten, wie etwa der Gestaltung des TV-Spots oder beliebten Testimonials, auf emotionaler Ebene beeindruckt (Kroeber-Riel, Esch 2011, 202). Einstellungsänderungen finden hier erst nach einem konkreten Verhalten – wie dem Kauf des jeweiligen Produktes bzw. der Marke – statt und resultieren eher nicht aus Werbebeeinflussung (Kloss 2012, 95).

Die oben genannten Bedingungen des klassischen Involvements aufgreifend, zeigt Zajonc (1968) in seiner Untersuchung den sogenannten Mere-Exposure-Effekt auf. Dieser besagt, dass auch Informationen, welche nur beiläufig oder mit geringem Involvement aufgenommen wurden, eine nachhaltige Wirkung auslösen können. Demnach wird die Werbung bei mehrmaliger Wiederholung automatisch positiver aufgenommen, auch wenn sie nur passiv wahrgenommen wurde (Zajonc 1968, 15).

Folglich spielt in diesem Zusammenhang die Anzahl der Werbewiederholungen eine große Rolle: Denn stößt ein TV-Spot auf geringes Involvement der Rezipienten, so muss dieser öfter wiederholt werden, um eine Wirkung zu hinterlassen (Kroeber-Riel et al. 2009, 639). In Kapitel 4 der vorliegenden Arbeit wird dieser Aspekt näher beleuchtet.

Gemäß Trommsdorff (2009) existieren mehrere Dimensionen des Involvements: Während beispielsweise das Produktinvolvement vor Kaufentscheidungen zum Tragen kommt, beschäftigt sich das Medieninvolvement mit den Unterschieden der Botschaftsvermittlung bei elektronischen Medien und Printmedien. Das Personeninvolvement lässt sich wiederum durch unterschiedliche Persönlichkeitsmerkmale der Konsumenten erklären (Trommsdorff 2009, 52-53). Nach Jeck-Schlottmann (1988, 40) hat jedoch das Situationsinvolvement, welches die momentane Umweltsituation und psychische Lage des Werbeempfänger betrifft, den stärksten Einfluss auf die Werbewirkung.

Es stellt sich nun die Frage, wie diverse Kommunikationsmittel aufgrund der genannten Involvement-Bedingungen einzustufen sind. Folgt man diesbezüglich Kroeber-Riel und Esch (2011, 200), so ist beinahe die gesamte Werbung über Massenmedien als Low-Involvement-Werbung anzusehen: Werbung für günstige Produkte des täglichen Bedarfs bis hin zu Werbung für hochpreisige Gebrauchsgüter. Dies ist wiederum auf das entsprechende Situationsinvolvement zurückzuführen, welches besagt, dass eine Werbung nicht betrachtet wird, weil Konsumenten sich generell dafür interessieren, sondern weil sie sich *im Moment* dafür interessieren und auch Zeit dafür haben (Jeck-Schlottmann 1988, 40).

Im empirischen Teil soll die Hypothese geprüft werden „Es besteht eine Abhängigkeit zwischen dem Involvement gegenüber einem Produkt *(Fruchtsaft)* und der freien Erinnerungsleistung an den entsprechenden TV-Spot *(Pfanner)*". Nachfolgend werden die für die Studie herangezogen TV-Spots nach Art der Werbung und Art des Produktes kategorisiert:

	High-Involvement Pro-dukte		Low-Involvement Pro-dukte	
Emotionale Werbung	Ford Europe	Casino	Kinder Bueno	Pfanner
Informative Werbung	Erste Bank	T-Mobile	Meditonsin	Fielmann

Tab. 1: TV-Spots für die Studie (eigene Darstellung; Einteilung erfolgte durch die Autorin)

In vergleichbaren Studien haben beispielsweise Jain und Srinivasan (1990, 598) sowie McQuarrie und Munson (1987, online) das Involvement zur Operationalisierung in die Dimensionen *Persönliche Relevanz, Vergnügen, Risikobewertung* und *Selbstdarstellung* unterteilt. Dieses Vorgehen beruht auf Erkenntnissen von Laurent und Kapferer (1985, 41), welche das Involvement als mehrdimensionales Konstrukt erforschten und demnach eine Aufteilung des Konstruktes in mehrere Dimensionen vorschlagen.

Im Rahmen der vorliegenden Bachelorarbeit ist eine solche Vorgehensweise für die Hypothesenprüfung jedoch nicht vorgesehen, da die dafür benötigte Durchführung einer Faktorenanalyse den Rahmen der Arbeit sprengen würde. Stattdessen wurden eigenständig Aussagen zum Untersuchungsgegenstand formuliert, welche das Produktinvolvement als Ganzes erfassen sollen:

Aussagen zum Involvement gegenüber Fruchtsäften	
1	Fruchtsaft liebe ich sehr.
2	Fruchtsaft trägt zu gesunder Ernährung bei.
3	Fruchtsäfte helfen mir, meinen Vitaminbedarf zu decken.
4	Fruchtsaft ist für mein Wohlbefinden unbedingt erforderlich.
5	Es ist mir wichtig, 100 %-igen Fruchtsaft zu kaufen.
6	Fruchtsaft trägt dazu bei, mein Leben genussvoller zu machen.
7	Ich freue mich immer, wenn ich Fruchtsaft trinken kann.
8	Meine Begeisterung für Fruchtsäfte ist hoch.
9	Es stört mich, dass Fruchtsaft fruchteigenen Zucker enthält.

10	Es stört mich, dass Fruchtsaft natürliche Fruchtsäure enthält.
11	Fruchtsaftnektar hat eine minderwertige Qualität.
12	Fruchtsäfte aus dem Kühlregal schmecken besser als jene aus dem normalen Regal.

Tab. 2: Indikatoren des Produktinvolvements (eigene Darstellung)

Für die Ermittlung des Produktinvolvements werden im empirischen Teil lediglich die Aussagen 1-8 des Fragebogens herangezogen. Die Aussagen 9-12 wurden im Interesse des Unternehmens *Pfanner* erstellt, fließen allerdings nicht in die Überprüfung der Hypothesen mit ein. Der vollständige Fragebogen sowie die dazugehörige Detailaufstellung der SPSS-Auswertung finden sich im Anhang.

3   WERBEWIRKUNGSMODELLE

Heute existieren viele Ansätze zur Beschreibung und Erklärung der Werbewirkung. Betrachtet man den Stand der Forschung, so sind im Laufe der Zeit unterschiedlichste Modelle entwickelt worden (vgl. Schweiger, Schrattenecker 2009, 181). Die dabei hervorgegangenen verhaltenswissenschaftlichen Theorien stützen sich auf diverse Reiz-Reaktions-Schemata (Bruhn 2013, 47). Das im Jahr 1929 von Woodworth entwickelte Stimulus-Organismus-Response-Paradigma (S-O-R) versucht, das Verhalten durch das Zusammenwirken von Umwelteinflüssen und psychischen Vorgängen zu erklären: Beobachtbare Reize aus der Umwelt (Stimulus) bewirken nicht beobachtbare, interne psychische Prozesse (Organismus) und lösen schließlich beobachtbare Reaktionen aus (Kroeber-Riel, Gröppel-Klein 2013, 18). Während der sogenannte Stimulus den Kontakt mit einem Kommunikationsmittel, wie beispielsweise einem TV-Spot, bezeichnet, sind die internen psychischen Prozesse als kognitive (z.B. Aufmerksamkeit, Markenkenntnis) und affektive (z.B. Interesse, Einstellung) Vorgänge zu verstehen (Bruhn 2013, 49). Konative Reaktionen stellen wiederum Verhaltensabsichten bzw. tatsächliches Verhalten dar (Kroeber-Riel, Gröppel-Klein 2013, 18).

Kroeber-Riel und Esch (2011, 193) geben an, dass sich die Wirkungen der Werbung allgemein nicht an einem einheitlichen Modell orientieren, weshalb im Folgenden verschiedene Wirkungsmodelle vorgestellt und näher erläutert werden. Einerseits werden ausgewählte Hierarchiemodelle der Werbewirkung, welche auch als lineare Modelle oder Stufenmodelle bezeichnet werden (Kroeber-Riel, Gröppel-Klein 2013, 676), genauer beschrieben. Andererseits wird ein spezielles Augenmerk auf das Modell der Wirkungspfade (Kroeber-Riel, Meyer-Hentschel 1982) gelegt.

AUTOREN	Psychologische Zielgrößen					Ökonomische Zielgrößen
	Stufe I	Stufe II	Stufe III	Stufe IV	Stufe V	Stufe VI
AIDA-Modell; Lewis	Attention	Interest	Desire			Action
DAGMAR-Formel; Colley	Unawareness	Awareness	Comprehension & Image	Attitude		Action
Lavidge-Steiner	Awareness	Knowledge	Linking	Preference	Conviction	Purchase
McGuire	Aufmerksamkeit	Kenntnis	Einverständnis	Behalten neuer Einstellung		Verhalten auf Basis neuer Einstellung
Kroeber-Riel, Meyer-Hentschel	Aufmerksamkeit	Kognitive Vorgänge	Emotionale Vorgänge	Einstellung	Kaufabsicht	Kauf

Tab. 3: Übersicht diverser Modelle der Werbewirkung (eigene Darstellung; in Anlehnung an Schweiger, Schrattenecker 2009, 181)

3.1 Hierarchiemodelle der Werbewirkung

Klassische hierarchische Wirkungsmodelle sehen einen genauen Ablauf der Werbewirkungsreihenfolge vor (Kroeber-Riel, Gröppel-Klein 2013, 676). Bekannte, in der Literatur oft erwähnte Beispiele hierfür sind das 1898 von Lewis entwickelte AIDA-Modell und die 1961 von Colley aufgestellte DAGMAR-Formel. Während die zu durchlaufenden Werbewirkungsstufen beim AIDA-Modell *attention, interest, desire* und *action* bezeichnet werden (Bruhn 2013, 184), steht DAGMAR für *Defining advertising goals for measured advertised results*: Hier durchläuft die Werbung die Bewusstseinsebenen *Bekanntheit* eines bis dato unbekannten Produktes, *Einsicht* in dessen Nutzen sowie *Überzeugung* der Werbebotschaft und endet schließlich in der *Kaufverwirklichung* (Kroeber-Riel, Gröppel-Klein 2013, 676).

Im Laufe der Zeit wurden etliche Stufenmodelle zur Erklärung der Werbewirkung entwickelt. Nachfolgend wird einerseits auf das persuasive Kommunikationsmodell von McGuire (1985) und andererseits auf das Werbewirkungsmodell von Lavidge und Steiner (1961) eingegangen.

Letztere postulieren, dass ein sechs- bzw. sieben-stufiger Werbewirkungsprozess nötig ist, um aus uninformierten oder uninteressierten Individuen wissende und überzeugte Konsumenten zu machen: Auf die am Anfang des Prozesses stehende *Unbekanntheit* über das Produkt folgt im zweiten Schritt die *Produktbekanntheit*, welche zunächst zu einem *Produktwissen* führt. Dieses bringt schließlich eine *positive Einstellung* und *Präferenz* des Produktes mit sich. Es folgen die *Überzeugung*, dass der Produktkauf eine gute Entscheidung ist und der tatsächliche *Kauf* des Produktes. Die erste Phase der *Produktunbekanntheit* wurde jedoch im weiteren Verlauf der themenrelevanten Literatur nicht mehr aufgegriffen, weshalb fortan von *sechs* Stufen des Werbewirkungsprozesses nach Lavidge und Steiner gesprochen wird. Während sich also die ersten beiden Stufen der kognitiven Komponente des psychologischen Einstellungskonzepts zuschreiben lassen, gehören die dritte und vierte Stufe der affektiven Komponente und die letzten beiden Stufen der konativen Komponente an. (Lavidge, Steiner 1961, 59-60)

Die stabilen Zusammenhänge zwischen kognitiver, affektiver und konativer Ebene, welche durch den geordneten Stufenablauf unterstellt werden, begründen die breite Akzeptanz dieses Modells (Bongard 2002, 220).

McGuire (1985) entwickelte ein Stufenmodell zur „persuasiven Kommunikation", welches sich in zwölf Wirkungsstufen unterteilt und somit ebenfalls eine Erweiterung des AIDA- und des DAGMAR-Modells darstellt: Hier ist der Werbeempfänger einer *Botschaft* ausgesetzt, welcher er zunächst *Aufmerksamkeit* und *Interesse* entgegenbringt. Anschließend entwickelt er ein *Verständnis* zu dem Inhalt, bevor er sich schließlich *Gedanken* zur Botschaft machen kann. Es folgt der Erwerb notwendiger *Fertigkeiten* sowie die Bildung oder Veränderung einer *Einstellung*. Diese *Veränderungen* und relevantes *Material* werden im Gedächtnis gespeichert, wo auf deren Grundlagen schließlich *Entscheidungen gefällt* werden können. Diese Entscheidungen werden im nächsten Schritt *umgesetzt* und die neuen Verhaltensmuster werden nach der Handlung im Gedächtnis *gesichert*. (McGuire 1985, 258-260)

Dieser Ablauf verdeutlicht, dass eine persuasive Kommunikation jedoch nur dann wirken kann, wenn die Rezipienten der Werbebotschaft sowohl Aufmerksamkeit, als auch Interesse entgegen bringen (Moser, Döring 2008, 243). Stufenmodelle unterliegen allgemein großer Kritik, da der geordnete Ablauf, welcher hierbei vorausgesetzt wird, in der Realität oft nicht gegeben ist (vgl. Kroeber-Riel, Gröppel-Klein 2013, 676; Bongard 2002, 225; Palda 1966, 14).

Kroeber-Riel und Gröppel-Klein (2013) argumentieren diesbezüglich, dass sich Konsumenten oft erst nach einer Kaufhandlung eine Einstellung zum Produkt bilden. Außerdem würden affektive Werbewirkungen in eben beschriebenen klassischen Hierarchie-Modellen vernachlässigt werden. Als weiteren wesentlichen Punkt nennen sie die Notwendigkeit der Unterscheidung in hohes und niedriges Involvement, denn in der Realität bringen Konsumenten einem Produkt selten hohes Involvement bzw. hohe Aufmerksamkeit entgegen, wie es viele Stufenmodelle jedoch voraussetzen. (Kroeber-Riel, Gröppel-Klein 2013, 677)

Die Kritikpunkte bzw. Schwachstellen von klassischen Stufenmodellen aufgreifend, entwickelte Ray (1973) die Drei-Hierarchie-von-Effekten-Modelle. Auf

Basis dessen Annahmen skizzierten Moser und Döring (2008, 244) die Werbewirkungen dieses Modells mit seinen drei verschiedenen Ausprägungen:

Lernhierarchie	Dissonanz-Attributi-ons-Hierarchie	Low-Involvement-Hie-rarchie
– Involvierte Konsumen-ten – Produktalternativen deutlich unterscheidbar	– Involvierte Konsu-menten – Produktalternativen kaum unterscheidbar	– Wenig involvierte Konsumenten – Produktalternativen kaum unterscheidbar
Lernen (kognitiv) ↓	Verhalten (konativ) ↓	Lernen (kognitiv) ↓
Einstellung (affektiv) ↓	Einstellung (affektiv) ↓	Verhalten (konativ) ↓
Verhalten (konativ)	Lernen (kognitiv)	Einstellung (konativ)

Tab. 4: Drei-Hierarchie-von-Effekten-Modelle (eigene Darstellung; in Anlehnung an
Moser, Döring 2008, 244; in Anlehnung an Ray 1973)

Die Drei-Hierarchie-von-Effekten-Modelle setzen sich aus der Lernhierarchie,
der Dissonanz-Attributions-Hierarchie und der Low-Involvement-Hierarchie zusammen (vgl. Tab. 4). Hier wird verdeutlicht, dass die Werbewirkungen nach
Aufnahme der Werbebotschaft bei den Empfängern unterschiedlich verlaufen
können. Welche der drei Hierarchien von Effekten eintritt, ist vor allem abhängig
vom Involvement der Konsumenten (Moser, Döring 2008, 244).

Die Lernhierarchie setzt bei hoch involvierten Werbeempfängern ein und geht
davon aus, dass Stimuli mit großer Aufmerksamkeit wahrgenommen und Werbebotschaften gleich zu Beginn „gelernt" werden. Auf dieser Basis werden Einstellungen gebildet, welche schlussendlich zu einer Verhaltensabsicht bzw. in
weiterer Folge zu einem tatsächlichen Verhalten (Kauf) führen. (Bruhn 2013, 49)

Als Voraussetzung für die Gültigkeit dieser Modellausprägung nennen Moser
und Döring (2008, 244) die klare Unterscheidbarkeit des beworbenen Produktes
von etwaigen Alternativen. Können Produktalternativen von involvierten Personen hingegen kaum oder gar nicht voneinander unterschieden werden, so tritt die
Dissonanz-Attributions-Hierarchie ein (Moser, Döring 2008, 244): Hier wird vo-

rausgesetzt, dass ein bestimmtes Verhalten bereits erfolgt ist, welches anschließend kognitive Dissonanzen hervorruft und somit zu Einstellungsänderungen
führt. Diese empfundenen Widersprüche zwischen bisherigen Überzeugungsele-
menten und neuer Wahrnehmung resultieren wiederum in einem Lernprozess
(Bruhn 2013, 50).

Im Gegensatz zu den beiden eben beschriebenen Modellen kommt die Low-Involvement-Hierarchie dann zum Tragen, wenn die Konsumenten wenig involviert sind und zudem kaum Unterschiede zwischen den Produktalternativen erkennen können (Moser, Döring 2008, 244). In diesem Fall folgt unmittelbar auf
die bruchstückhafte Wahrnehmung des Stimulus ein konkretes Verhalten und
erst nach dem Produktkauf führen gewonnene Erfahrungen zu Einstellungsänderungen (Bruhn 2013, 49-50).

Kroeber-Riel und Gröppel-Klein (2013, 678) zählen auch das Modell der Wirkungspfade zu der Kategorie der Hierarchy-of-Effects-Modelle. Dieses wurde
von Kroeber-Riel und Meyer-Hentschel (1982) zur Erklärung der Werbewirkung
entwickelt und wird im nachfolgenden Kapitel ausführlich dargelegt.

3.2 Modell der Wirkungspfade

Im Gegensatz zu streng hierarchischen Modellen der Werbewirkung erlaubt das
Modell der Wirkungspfade eine Wechselwirkung zwischen den einzelnen Wirkungsstufen. Dieses Modell arbeitet mit Wirkungsdeterminanten, Wirkungskomponenten und Wirkungsmustern, deren Bedeutungen im Folgenden genauer
erläutert werden. (Kroeber-Riel et al. 2009, 634)

Die *Wirkungsdeterminanten* dienen zur Formulierung von Bedingungen, welche
zu bestimmten Wirkungen der Werbung führen. Zu den beiden wichtigsten Determinanten zählt einerseits das (hohe oder niedrige) Involvement der Konsumenten und andererseits die Art der Werbung (Kroeber-Riel et al. 2009, 637).
Während informative Werbung sachliche, oft zahlenunterlegte, Informationen
vermittelt, liegt der Fokus bei der emotionalen Werbung auf der Darbietung ge-
fühlsbetonter Reize; in der gemischten Werbung kommen sowohl emotionale als

auch informative Inhalte vor, weshalb sie von Werbetreibenden auch am Häufigsten verwendet wird (Kroeber-Riel, Gröppel-Klein 2013, 679). Kroeber-Riel und Esch (2011, 231) nennen als weitere wesentliche Bestimmungsgröße der Werbewirkung die Anzahl der Werbewiederholungen, auf welche im nächsten Kapitel näher eingegangen wird.

Eben beschriebene Wirkungsdeterminanten bestimmen nun, welche *Wirkungskomponenten* für die entsprechende Werbung relevant sind. Den Ausgangspunkt des Modells bildet der Werbekontakt, auf welchen eine starke oder schwache Aufmerksamkeit der Werbeempfänger folgt. An dieser Stelle ist anzumerken, dass schwache Aufmerksamkeit auf wenig involvierte Empfänger hinweist, wohingegen starke Aufmerksamkeit hoch involvierte Konsumenten indiziert. Auf die der Werbebotschaft entgegengebrachten Aufmerksamkeit folgen emotionale und / oder kognitive Vorgänge bei den Konsumenten: Während emotionale Vorgänge die Wirkung der Werbung auf die Motivation und Emotion der Rezipienten wiederspiegeln, beschreiben kognitive Vorgänge gedankliche Prozesse, bei welchen Werbeinformationen zunächst aufgenommen, dann verarbeitet und schließlich gespeichert werden. Diese emotionalen und kognitiven Wirkungen führen dazu, dass eine Einstellung sowie Kaufabsicht zum beworbenen Produkt gebildet wird. Die das Modell abschließende Komponente beschreibt das umgesetzte (Kauf-)Verhalten. (Kroeber-Riel et al. 2009, 636-638)

Den Kern dieses Modells bilden unterschiedliche *Wirkungsmuster*, welche sich aus verschiedenen Wirkungspfaden zusammensetzen. So kann sowohl emotionale, als auch informative oder gemischte Werbung auf geringes oder hohes Involvement bei den Empfängern treffen (Kroeber-Riel, Esch 2011, 232):

	Hoch involvierte Konsumenten	Wenig involvierte Konsumenten
Emotionale Werbung	1	2
Informative Werbung	3	4
Gemischte Werbung	5	6

Tab. 5: Bedingungen der Werbewirkung (eigene Darstellung; in Anlehnung an Kroeber-Riel et al. 2009, 637)

Im Folgenden werden die Ausprägungen 1 bis 4 näher erläutert, da bei diesen deutlichere Wirkungspfade als bei gemischter Werbung erkennbar sind.

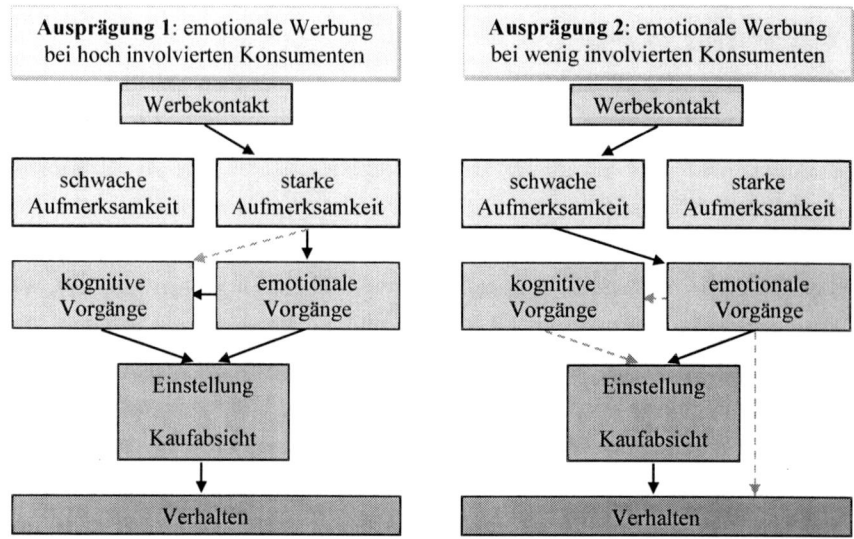

Abb. 2: Modell der Wirkungspfade bei emotionaler Werbung (eigene Darstellung; in Anlehnung an Kroeber-Riel, Esch 2011, 234)

Ausprägung 1 beschreibt die Wirkungspfade bei Konsumenten, welche sich mit großer Aufmerksamkeit einer emotionalen Werbung zuwenden (Kroeber-Riel, Esch 2011, 234). Die dazugehörige Abbildung verdeutlicht, dass bei den hoch involvierten Konsumenten grundsätzlich emotionale Vorgänge kognitiven Verarbeitungsprozessen vorgelagert sind. Kroeber-Riel, Weinberg und Gröppel-Klein (2009, 642) geben jedoch an, dass ein informativer Aspekt der emotionalen Werbung – wie beispielsweise der genannte Markenname – die Werbeempfänger unmittelbar zur kognitiven Informationsverarbeitung führen kann, was in der Abbildung mit einer gestrichelten, grauen Linie gekennzeichnet ist. Wesentlich ist bei dieser Modellkonstellation, dass sich die Konsumenten gedanklich aktiv mit der Werbung befassen, was sich in Assoziationen bzw. Beurteilungen zum Produkt niederschlägt (Kroeber-Riel, Esch 2011, 234-235). Emotionale und kognitive Vorgänge beeinflussen schließlich gemeinsam die Einstellung zum Produkt bzw. zur Marke und in weiterer Folge auch das Verhalten (vgl. Abbildung).

Bei dieser Ausprägung besteht allerdings die Gefahr, dass gedankliche Widersprüche zur Werbung entstehen, sofern sich die Konsumenten intensiv mit dem Zusammenhang der gesehenen Bilder zur Marke auseinandersetzen und hier keine Übereinstimmung erkennen können (Kroeber-Riel, Esch 2011, 235). Kloss (2012, 98) nennt als Beispiele für emotionale Werbung, welche auf hoch involvierte Empfänger stößt, Tiernahrungswerbung bei Tierbesitzern oder Urlaubswerbung im Allgemeinen.

Die zweite Ausprägung dieses Modells demonstriert die Wirkungspfade emotionaler Werbung bei wenig involvierten Personen. Aus der Abbildung geht hervor, dass hier emotionale Prozesse, wie das Gefallen und die Akzeptanz der Werbung, eine wesentliche Rolle spielen. Diese positiven Vorgänge führen zu einer Einstellungsbildung gegenüber dem Produkt bzw. der Marke und führen schlussendlich zu einem (Kauf-)Verhalten (Kroeber-Riel, Esch 2011, 235). Wie bereits erläutert, bezeichnen Petty, Cacioppo und Schumann (1983, 138) diesen Wirkungspfad als peripheren Weg. Anders als bei hoch involvierten Konsumenten, können die Emotionen bei gering involvierten Personen das Verhalten auch direkt beeinflussen, ohne dass sich zuvor bei den Empfängern eine konkrete Einstellung zur Werbung gebildet hat (Kroeber-Riel, Esch 2011, 235). Diese Variante wird durch die entsprechende grau gestrichelte Linie aufgezeigt. Die Gefahr, dass emotionale Bildmotive zu Widersprüchen und Gegenargumenten reizen, weil sie womöglich wenig Zusammenhang zum beworbenen Produkt aufweisen, ist in diesem Fall gering, da wenig involvierte Konsumenten die emotionale Werbung nur passiv wahrnehmen (Kroeber-Riel et al. 2009, 643). Hier wirkt die emotionale Werbung hauptsächlich nach den Gesetzmäßigkeiten der klassischen Konditionierung, welche besagt, dass durch Wiederholungen der Werbung eine emotionale Bindung zur Marke hergestellt wird, wodurch ohne kognitive Anteilnahme Einstellungen gebildet und Kaufabsichten getroffen werden (Kloss 2012, 98). Der dominante Wirkungspfad gestaltet sich demnach wie folgt: Werbekontakt → schwache Aufmerksamkeit → emotionale Vorgänge → Einstellung → Verhalten (Kroeber-Riel, Gröppel-Klein 2013, 682)

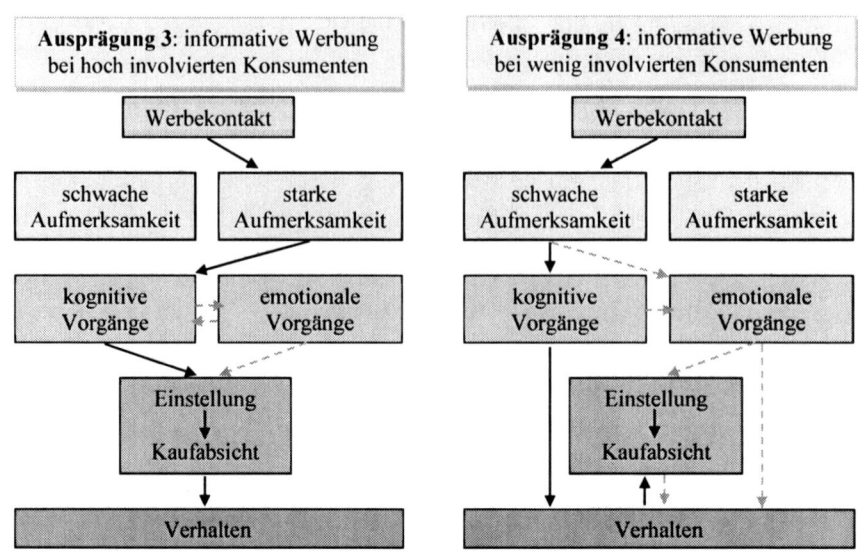

Abb. 3: Modell der Wirkungspfade bei informativer Werbung (eigene Darstellung; in Anlehnung an Kroeber-Riel, Esch 2011, 233)

Informative Werbung wiederum ist gemäß Kroeber-Riel und Gröppel-Klein (2013, 680) nur dann erfolgreich, wenn sie auf involvierte Konsumenten stößt und die sachlichen Informationen aufmerksam wahrgenommen werden. Wie aus der dazugehörigen obigen Abbildung ersichtlich ist, bewirkt die starke Aufmerksamkeit kognitive Prozesse bei den Empfängern, welche sich demnach mit den aufgenommenen Informationen genauer auseinandersetzen (Kroeber-Riel, Esch 2011, 233). Diese Informationen sprechen wiederum vorhandene Bedürfnisse an, wodurch bei den Rezipienten sekundär auch emotionale Reaktionen ausgelöst werden (Kloss 2012, 98). In der Grafik sind die entsprechenden Wirkungspfade durch grau gestrichelte Linien gekennzeichnet. Werden die Erwartungen der involvierten Konsumenten durch nachvollziehbare Argumentationen in der Werbung erfüllt, so können Einstellung und Handlungsabsicht gegenüber dem beworbenen Produkt bzw. der Marke gebildet werden (Kroeber-Riel, Esch 2011, 233). Petty, Cacioppo und Schumann (1983, 138) bezeichnen diesen Prozess als den zentralen Weg der Beeinflussung. Emotionale Vorgänge spielen hier ausschließlich eine Rolle, wenn diese durch deren aktivierende Wirkung zur effizienten Sachinformationsverarbeitung beitragen sollen (Kroeber-Riel, Esch

2011, 233). Das typische Wirkungsmuster dieser Ausprägung ist demnach folgendermaßen zu definieren: Werbekontakt → starke Aufmerksamkeit → kognitive Vorgänge → Einstellung → Verhalten (Kroeber-Riel, Gröppel-Klein 2013, 680).

Nehmen Personen informative Werbung gemäß der vierten Modell-Ausprägung hingegen bloß mit geringer Aufmerksamkeit wahr, können nur wenige und einfach verständliche Informationen vermittelt werden (Kroeber-Riel, Gröppel-Klein 2013, 680). Werbewiederholungen bewirken, dass sich betroffene Konsumenten an das Produkt bzw. die Marke erinnern können, was für die finale Kaufentscheidung bereits entscheidend sein kann (Kloss 2012, 98). Emotionale Vorgänge sind mit einer gestrichelten, grauen Linie in das Schema eingebettet und spielen in dieser Ausprägung insofern eine Rolle, da eine mögliche sympathische Erscheinung der Werbung eine Einstellungs- oder auch Verhaltensänderung zur Folge haben kann (Kroeber-Riel, Esch 2011, 233). Grundsätzlich bilden sich wenig involvierte Personen bei informativer Werbung allerdings erst nach dem Kauf des Produktes eine Einstellung (Kloss 2012, 98). Bereits Krugman (1965, 356) bezeichnete diesen Beeinflussungsweg als „Low-Involvement-Lernen". Zusammenfassend verlaufen die Wirkungspfade wie folgt: Werbekontakt → schwache Aufmerksamkeit → kognitive Vorgänge → Verhalten → Einstellung (Kroeber-Riel, Gröppel-Klein 2013, 681).

Obwohl das Modell der Wirkungspfade den zuvor beschriebenen Drei-Hierarchie-von-Effekten-Modellen von Ray (1973) bzw. Moser und Döring (2008) in einigen Aspekten ähnelt, unterscheidet es explizit zwischen verschiedenen Arten der Werbung. Dies ist für die Erfolgskontrolle der Kommunikationspolitik äußerst wertvoll (Kroeber-Riel, Gröppel-Klein 2013, 682). Kroeber-Riel und Esch (2011, 235) weisen jedoch darauf hin, dass in der Realität keine eindeutige Abgrenzung der einzelnen Wirkungspfade vorgenommen werden kann. Zudem ist speziell die lange Zeit präferierte Ausprägung 3 „hoch involvierte Konsumenten bei informativer Werbung" kaum noch tragfähig, da Werbetreibende aufgrund der erhöhten Informationsüberlastung (Kroeber-Riel, Esch 2011, 20) vermehrt auf wenig involvierte Konsumenten stoßen. Wie bereits erwähnt, nimmt zudem das situative Involvement einen entscheidenden Einfluss auf die Werbewirkung

(Jeck-Schlottmann 1988, 40). So ist es beispielsweise möglich, dass selbst Rezipienten mit hohem Produktinvolvement aufgrund situationsbedingter Umstände, wie etwa erhöhtem Zeitdruck, nicht bereit sind für eine intensive Auseinandersetzung mit der Werbung (Kroeber-Riel, Esch 2011, 235).

Im empirischen Teil der vorliegenden Arbeit wird das Modell hinsichtlich seiner Effizienz geprüft. Am Beispiel des aktuellen TV-Spots von *Pfanner* sollen die Wirkungspfade der zuvor erläuterten Ausprägung 1 bzw. 2 – stark bzw. schwach involvierte Konsumenten bei emotionaler Werbung – nachvollzogen werden. Hierfür dient das gemessene Involvement als Ausgangpunkt, um damit anschließend Angaben zur allgemeinen Fernsehwerbung-Akzeptanz sowie Angaben zum Gefallen des TV-Spots in Relation setzen zu können. Ferner werden einerseits der Slogan und das Logo der Marke *Pfanner* zur Überprüfung der kognitiven Prozesse abgefragt. Andererseits wird die Kaufabsicht gegenüber *Pfanner* Produkten ermittelt, wodurch alle wesentlichen Aspekte des Modells der Wirkungspfade überprüft werden.

4 WERBEWIRKUNG UND AKZEPTANZ VON TV-SPOTS

Dieses Kapitel setzt sich mit der Werbewirkung des Kommunikationsmittels TV-Spot auseinander. In diesem Zusammenhang wird auch die allgemeine Einstellung und Akzeptanz gegenüber Fernsehwerbung näher untersucht.

Zurstiege (2007, 127) hebt die Vorteile des Kommunikationsmittels TV-Spot für Werbetreibende deutlich hervor: Fernsehwerbung ermöglicht einerseits eine multisensorische Informationsübermittlung, wodurch sich neben gesprochener oder geschriebener Sprache auch Bilder einsetzen lassen. TV-Spots erzielen also eine effektvolle Wirkung durch die Kombination von emotionaler, visueller und akustischer Ansprache an die Werbeempfänger (Kloss 2012, 334), da eng an die Speicherung innerer Bilder angeknüpft wird (Kroeber-Riel, Esch 2011, 220). Außerdem lassen es TV-Spots zu, Erzählungen aufzubauen und verschiedenste Gestaltungselemente einzusetzen, was sie wiederum gegenüber anderen Massenkommunikationsmitteln, wie Plakaten oder Radio-Spots, einzigartig macht (Zurstiege 2007, 127).

Der Fernseher ist eines der meist genutzten Massenmedien im deutschsprachigen Raum und erzielt folglich hohe Reichweiten: Während die TV-Nutzungszeit im Jahr 2013 in Österreich bei durchschnittlich 168 min/Tag lag, sah man in Deutschland im Schnitt 221 min/Tag fern. Hinsichtlich der Tagesreichweite dieses Mediums, wurden in Österreich 62% verzeichnet, wohingegen in Deutschland sogar 70% erreicht wurden. (statista.com 2014, online)

Nichtsdestotrotz bringt Fernsehwerbung neben den genannten Vorteilen auch etliche Probleme mit sich: Besonders die eingangs erwähnte Informationsüberlastung, welche auf die gegenwärtige Werbeflut zurückzuführen ist, resultiert darin, dass Informationen nicht mehr beachtet bzw. als Störfaktor wahrgenommen werden (Kroeber-Riel, Esch 2011, 20). In diesem Zusammenhang wird die allgemeine Akzeptanz und Einstellung gegenüber Werbung in der themenrelevanten Literatur als wesentlicher Einflussfaktor der Werbewirkung beschrieben (vgl. Mehta 2000, 69-70; Mittal 1994, 35-36; Donthu et al. 1993, 68; MacKenzie, Lutz 1989, 52-54). Grundsätzlich wird aufgrund des zunehmenden Werbevolumens von einer sinkenden Akzeptanz gegenüber TV-Spots ausgegangen (vgl. Bak 2014, 2; Fahr et al. 2014, 16). So ergab beispielsweise eine Umfrage der Bauer

Media Group (2014, online), dass 86% der befragten Personen Werbeblöcke als den größten Störfaktor im Fernsehen empfinden. Dennoch zeigen nachfolgend die von der Autorin zusammengefassten Ergebnisse der Umfragen des Zentralverbandes der deutschen Werbewirtschaft (zaw 2010, 2014 online; basierend auf Axel Springer AG, Bauer Media Group: VerbraucherAnalyse 2010, 2011, 2012, online) den deutlichen Anstieg der Zustimmung zur allgemeinen Werbung über den Zeitraum von 2006 bis 2012 (Werte zutreffend auf die Einstellung gegenüber TV-Spots sind grau hinterlegt):

Zustimmung zur Werbung (*„stimme voll und ganz / eher zu"*)	2006	2007	2008	2009	2010	2011	2012
Werbung ist eigentlich ganz hilfreich für den Verbraucher.	44,0	45,3	51,9	58,6	61,2	61,8	62,1
Werbung ist meist recht unterhaltsam.	35,4	35,9	41,1	43,6	45,5	47,5	47,9
Anzeigen in Zeitungen und Zeitschriften halte ich für recht informativ.	48,4	43,8	50,4	56,2	58,1	58,5	58,4
Ich sehe mir eigentlich ganz gern Anzeigen in Zeitungen und Zeitschriften an.	40,3	39,3	43,9	48,3	50,7	51,0	50,5
Werbung im Fernsehen halte ich für recht informativ.	38,4	36,6	40,6	43,2	46,2	48,1	48,2
Ich sehe mir eigentlich ganz gern Fernsehwerbung an.	33,1	33,3	35,6	37,2	40,6	-	-
Werbung gibt manchmal recht nützliche Hinweise über Produkte.	52,5	53,2	57,0	60,8	63,2	-	-

Tab. 6: **Zustimmung zur Werbung** (eigene Darstellung; zaw 2010, 2014 online; basierend auf Axel Springer AG, Bauer Media Group: VerbraucherAnalyse 2010, 2011, 2012, online)

Für die durchgeführten Verbraucheranalysen wurden – ausgehend von der Grundgesamtheit der deutschen Bevölkerung – Stichproben von durchschnittlich 32.500 Personen gewählt. Diese repräsentieren 70 Mio. Einwohner ab 14 Jahren; die Werte in der Tabelle sind Prozentangaben. (zaw 2010, 2014, online)

Wie aus der obigen Darstellung hervorgeht, wird Werbung (jeweils basierend auf den in der Tabelle angegebenen aktuellsten Werten) von der deutlichen Mehrheit als hilfreich (62,1%) und nützlich (63,2%) empfunden. Allerdings sieht weniger als die Hälfte der Befragten Werbung als unterhaltsam (47,9%) an. Speziell bezogen auf TV-Spots, geben nur 40,6% an, diese gerne zu sehen und ebenfalls weniger als die Hälfte der Probanden hält TV-Spots für informativ (48,2%). Generell geht aus der Tabelle hervor, dass Anzeigen in Zeitungen und Zeitschriften für informativer (58,4%) als TV-Spots befunden werden und zusätzlich lieber angesehen werden (50,5%). Nichtsdestotrotz lässt sich festhalten, dass sich die allgemeine Einstellung und Akzeptanz gegenüber (Fernseh-)Werbung im untersuchten Zeitraum in die positive Richtung entwickelt hat. Bak (2014, 3) vermutet einen Grund für diesen Wandel darin, dass gegenwärtig viele Internet- und Smartphone-Applikationen ohne Werbung entweder nicht vorhanden, oder kostenpflichtig wären, was die Nutzer wiederum zu einer höheren Akzeptanz gegenüber allgemeiner Werbung führt.

Um auf die Werbewirkung des Kommunikationsmittels TV-Spot zurückzukommen, wird dieser nachfolgend entlang des sogenannten Markentrichters analysiert. Dessen Ebenen bestehen aus *Bekanntheit, Vertrautheit, Kauferwägung, Kauf* und *Loyalität* (McKinsey Quarterly 2009, online). In diesem Zusammenhang zeigt das Marktforschungsunternehmen Innerscope Research (2010, 3) in der durchgeführten Media Effectiveness Study aussagekräftige Ergebnisse hinsichtlich der Wirkung unterschiedlicher Werbemedien auf: Unter den analysierten Kommunikationsmitteln TV-Spot, Online Video, Zeitungsinserat, Radio-Spot und Online Display erzielte der TV-Spot bezüglich emotionaler und kognitiver Wirkung die eindeutig stärkste Performance. Dies spiegelt sich einerseits in hohen Erinnerungswerten und andererseits in einer positiven Wirkung auf die Markenbekanntheit und deren Image sowie der Vertrautheit, welcher Fernsehwerbung entgegengebracht wird, wieder (Koob 2010, 2-3). Ausgehend vom Werbemittel TV-Spot wird nachfolgend die jeweilige Performance der anderen Werbeplattformen hinsichtlich Erinnerungswert und emotionaler Wirkung gegenübergestellt.

	Werbeplatt-form	Erinnerungs-wert	Emotionale Werbewir-kung
	TV	100	100
Verglichen mit TV	Online Video	71	56
	Zeitung	90	18
	Radio	33	33
	Online Display	20	< 1

Tab. 7: Performance verschiedener Werbemittel im Vergleich zum TV-Spot (eigene Darstellung; in Anlehnung an Innerscope Research 2010, 3)

Aus der Tabelle geht hervor, dass TV-Spots – gemessen am gestützten Day-After-Recall – im Vergleich zu Werbung in Online Videos 1,4-mal so hohe Erinnerungswerte erzielen. Während Zeitungsinserate fast gleich hohe Erinnerungswerte wie TV-Spots aufweisen, ist der kognitive Wirkungsvorsprung gegenüber Radio-Spots 2,7-mal und gegenüber Online-Display-Werbung 4,9-mal so hoch. Außerdem zeigt die Studie, dass Werbung im Fernsehen emotional 5,6-mal so stark wirkt wie Printwerbung, 3-mal so stark wie Radio-Spots und 1,8-mal so stark wie Online Videos. (Innerscope Research 2010, 3)

Bezogen auf die letzten beiden Ebenen des Markentrichters – *Kauf* und *Loyalität* – können mit TV-Spots nachhaltig Umsätze gesteigert sowie kurzfristig bedeutende Absatzeffekte erzielt werden (Koob 2010, 2).

Im Folgenden wird die signifikante Korrelation zwischen Werbeerinnerung und Wiederholungs-Zahl des Werbemittels erläutert. In diesem Zusammenhang kann ein Recall- oder Recognition-Test nur dann valide und reliable Ergebnisse liefern, wenn der TV-Spot mehrmalig ausgestrahlt worden ist (Kroeber-Riel, Esch 2011, 223). Diesbezüglich wurde bei der empirischen Untersuchung darauf geachtet, dass alle herangezogenen TV-Spots im selben Zeitraum (ca. Oktober 2014 bis März 2015) zu sehen waren und zumindest zwei Monate vor dem Marktforschungszeitraum (17.03.2015 – 21.03.2015) erstmalig ausgestrahlt wurden.

Die Wiederholung der Werbebotschaft führt also zur Entwicklung einer Einstellung gegenüber der Werbung (Kroeber-Riel, Esch 2011, 225). Cacioppo und Petty (1979, 97) fanden diesbezüglich heraus, dass die gedanklichen Reaktionen involvierter Werbeempfänger zunächst positiv verlaufen. Bei anwachsender Zahl der Werbewiederholungen nehmen jedoch negative kognitive Reaktionen zu und der Grad der inneren Gegenargumente steigt an. Dies hat wiederum zur Folge, dass Beeinflussungswirkungen zunehmend beeinträchtigt und „Abnutzungswirkungen" erkennbar werden (Kroeber-Riel, Gröppel-Klein 2013, 285).

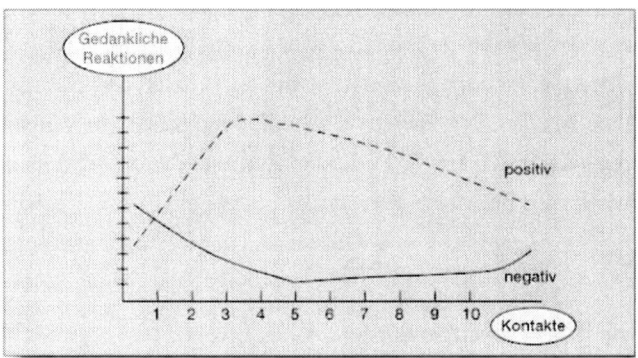

Abb. 4: Kognitive Reaktionen bei Werbewiederholungen (Kroeber-Riel, Gröppel-Klein 2013, 285; basierend auf Cacioppo, Petty 1979, 103)

Folgt man Kroeber-Riel und Esch (2011, 223), so existiert allerdings keine generelle Regel zur optimalen Wiederholungs-Anzahl des Werbemittels: Während das Optimum bei High-Involvement-Werbungen bereits nach weniger als sieben Wiederholungen erreicht wird, sind bei Low-Involvement-Werbungen deutlich mehr Wiederholungen notwendig. Des Weiteren ist die Zahl der Wiederholungen abhängig von der Gestaltung des TV-Spots an sich (Bruhn 2014, 435). Diesbezüglich stellten Mehta und Purvis (2006, 54) in ihrer durchgeführten Studie fest, dass eine Werbung umso besser erinnert wird, je emotionaler sie gestaltet ist. Außerdem hängt die ideale Zahl der Werbewiederholungen von dem persönlichen Involvement der Konsumenten ab (Kroeber-Riel, Esch 2011, 224, 227-228):

- Je weniger die Werbeempfänger involviert sind, desto öfter muss ein TV-Spot wiederholt werden, damit sie im Gedächtnis verankert werden kann.

- Je weniger die Konsumenten involviert sind, desto öfter kann eine *emotionale* Werbung – im Gegensatz zu informativer Werbung – unverändert ausgestrahlt werden.

- Die Werbebotschaft wird – unabhängig von emotionaler oder informativer Gestaltung eines TV-Spots – umso schneller gelernt, je höher das Involvement der Werbeempfänger ist.

- Sind Konsumenten stark involviert, so entsteht bereits nach wenigen Wiederholungen des TV-Spots ein enormes Abnutzungsrisiko.

In Zeiten starken Wettbewerbsdrucks wird es immer schwieriger für Werbetreibende, in der zunehmenden Informationsflut aufzufallen und wahrgenommen zu werden, ohne bei den Empfängern als störend aufgefasst zu werden (Kroeber-Riel, Gröppel-Klein 2013, 96). In diesem Zusammenhang wird im empirischen Teil der Arbeit die Hypothese geprüft „Es besteht ein Zusammenhang zwischen der allgemeinen Akzeptanz von TV-Spots und der freien Erinnerungsleistung an TV-Spots".

Ähnlich wie bei der Operationalisierung des Involvements, wird auch das Konstrukt *Einstellung gegenüber Fernsehwerbung* zur Messung meistens in mehrere Dimensionen unterteilt: Während beispielsweise Alwitt und Prabhaker (1992, 33) zehn Dimensionen unterscheiden, untergliedern Wolfradt und Petersen (1997, 327) das Konstrukt in fünf Faktoren (*positiver Inhalt / Unterhaltung*; *Funktion der TV-Werbung für das persönliche Leben*; *negative Auswirkungen*; *Störung*; *Manipulation*). Smit und Neijens (2000, 39) sowie Mittal (1994, 41) identifizieren hingegen bloß drei relevante Dimensionen zur Operationalisierung der Einstellung zu TV-Spots (*Informationsgehalt*, *Unterhaltungswert* und *Störung* bzw. *Geistlosigkeit*).

In den Augen der Verfasserin beschränken Smit und Neijens die formulierten Dimensionen der Einstellung zur Fernsehwerbung auf ihre wesentlichen Bestandteile. Folglich werden auch etliche der Aussagen für den Fragebogen von Smit und Neijens (2000, 38) übernommen und mit einigen von den von der Axel Springer AG und Bauer Media Group herausgegebenen VerbraucherAnalysen (2010, 2011, 2012, online) ergänzt:

Aussagen zur allgemeinen Einstellung bzw. Akzeptanz gegenüber Fernsehwerbung	
1	TV-Spots geben nützliche Hinweise über Produkte.
2	TV-Spots sind hilfreich, weil sie zeigen, wie andere Personen die beworbenen Produkte nutzen.
3	TV-Spots bieten mir Anregungen für mein alltägliches Leben.
4	TV-Spots halte ich für informativ.
5	TV-Spots enthalten oft falsche Behauptungen.
6	TV-Spots sind meist unterhaltsam.
7	TV-Spots sollten kreativer gestaltet sein.
8	Ich sehe mir gerne TV-Spots an.
9	Mich fasziniert die Originalität mancher TV-Spots.
10	TV-Spots werden zu oft wiederholt.
11	Bei Werbeunterbrechungen wechsle ich den Fernsehsender.
12	TV-Spots sind manipulativ.
13	Werbeunterbrechungen im Fernsehen stören mich.

Tab. 8: Indikatoren der allgemeinen Akzeptanz gegenüber Fernsehwerbung (in Anlehnung an Smit, Neijens 2000, 38; Axel Springer AG, Bauer Media Group: Verbraucher-Analyse 2010, 2011, 2012, online)

Der vollständige Fragebogen sowie die dazugehörige Detailaufstellung der SPSS-Auswertung befinden sich im Anhang. Auch an dieser Stelle wird jedoch auf die Durchführung einer Faktorenanalyse zur Überprüfung dieser herangezogenen Messvorschriften verzichtet. Wie bereits in Kapitel 2.2 erläutert, würde ein solches Vorgehen den Rahmen der vorliegenden Arbeit sprengen. Statt der Gliederung in mehrere Dimensionen wird im empirischen Teil der Arbeit deshalb die Akzeptanz gegenüber Fernsehwerbung als Ganzes ermittelt.

5 METHODIK UND AUFBAU DER STUDIE

Nachdem im Theorie-Teil der vorliegenden Arbeit themenrelevante Aspekte der psychologischen Werbewirkungsmessung von TV-Spots bearbeitet wurden, beschäftigt sich dieses Kapitel nun mit der Überprüfung der aus der Problemstellung hervorgegangenen Hypothesen:

I.   Beim **Wiedererkennen** wird mehr reproduziert als beim **Erinnern**, wobei das gestützte Erinnern höhere Erinnerungswerte mit sich bringt als das freie Erinnern.

II. Es besteht eine Abhängigkeit zwischen dem **Involvement** gegenüber einem Produkt *(Fruchtsaft)* und der **freien Erinnerungsleistung** an den entsprechenden TV-Spot *(Pfanner)*.

III. Es besteht ein Zusammenhang zwischen der allgemeinen **Akzeptanz** von TV-Spots und der **freien Erinnerungsleistung** an TV-Spots.

IV. Es besteht ein Zusammenhang zwischen dem **Gefallen** an einem TV-Spot *(Pfanner)* und der **Kaufbereitschaft** gegenüber dem beworbenen Produkt *(Fruchtsaft)*.

V.   Die **Wirkungspfade** emotionaler Werbung können gemäß des Modells der Wirkungspfade anhand des TV-Spots von *Pfanner* nachvollzogen werden.

Die Hypothesen-Überprüfung erfolgt durch eine quantitative Marktforschung, zu deren Zweck den Probanden im Vorhinein ein Stimulus-Material (Sendungsausschnitt) gezeigt wird. Das Augenmerk liegt hierbei auf der Untersuchung des aktuellen TV-Spots des Getränkeherstellers *Pfanner*. Diesbezüglich soll in der Studie einerseits mittels ungestütztem und gestütztem Recall-Test sowie Recognition-Test ermittelt werden, ob und inwiefern ausgewählte Werbespots erinnert werden. Andererseits ist die Imageanalyse der Marke bzw. des TV-Spots Gegenstand der Untersuchung. In einem weiteren Schritt werden Ausschnitte des Modells der Wirkungspfade anhand von *Pfanners* TV-Spot überprüft. Ziel ist, die Wirkungspfade emotionaler Werbung bei wenig bzw. stark involvierten Konsumenten nachzuvollziehen.

41

Der Ablauf der geplanten Studie orientiert sich an vergleichbaren Untersuchungen von Fahr, Kaut und Brosius (2014, 35-37) sowie von Sieglerschmidt (2008, 153-171):

1. Zu Beginn bekommen die Testpersonen einen Sendungsausschnitt (Galileo[1]; Gesamtdauer des Stimulus-Materials 5:58 min.) gezeigt, in welchem zwischendurch ein Werbeblock (Dauer ca. 3:00 min.) mit acht unterschiedlichen TV-Spots[2] integriert ist.

2. Anschließend folgen kurze Fragen zur gesehenen Sendung, um vom eigentlichen Forschungsziel abzulenken und eine neutrale Befragung gewährleisten zu können.

3. Abfrage von kognitiven Werbewirkungen (Überprüfung der Hypothese I)
   a. **ungestützte (freie) Erinnerung** (mittels unaided Recall-Test)
   b. **gestützte Erinnerung** (mittels aided Recall-Test)
   c. **Wiedererkennung** (mittels Recognition-Test)

4. Abfrage von affektiven Werbewirkungen wie Markensympathie und **Gefallen / Image** des TV-Spots (u.a. Erstellung eines Polaritäten-Profils mittels semantischem Differenzial; *Überprüfung der Hypothese IV*)

5. Abfrage des **Involvements** *(Überprüfung der Hypothese II)*

6. Überprüfung kognitiver Vorgänge: **Slogan** und **Logo** *(Überprüfung der Hypothese V)*

7. Abfrage von konativer Werbewirkung: **Kaufbereitschaft** *(Überprüfung der Hypothese IV)*

8. Abfrage **allgemeiner Akzeptanz** zur Fernsehwerbung *(Überprüfung der Hypothese III)*

9. Soziodemografische Fragen (Geschlecht und Alter)

---

[1] https://www.youtube.com/watch?v=JhYeyQhGFPc
[2] 1) Ford Europe (25 sec) https://www.youtube.com/watch?v=pmz6xh2MZaE (2015, online)
   2) Fielmann (15 sec) https://www.youtube.com/watch?v=VMQNWcT4FMU (2014, online)
   3) Casinos Austria (14 sec) https://www.youtube.com/watch?v=pl7VwKvYLH8 (2014, online)
   4) Pfanner (24 sec) https://www.youtube.com/watch?v=lia50a1xBZo (2014, online)
   5) T-Mobile (29 sec) https://www.youtube.com/watch?v=tl5ZkPsVvps (2014, online)
   6) Meditonsin (30 sec) https://www.youtube.com/watch?v=e3J_Z_rhueM (2014, online)
   7) Erste Bank (25 sec) https://www.youtube.com/watch?v=07SCNQKtjek (2015, online)
   8) Kinder Bueno (18 sec) https://www.youtube.com/watch?v=HWaMdybtPno (2014, online)

Neben dem vollständigen Fragebogen sind im Anhang die dazugehörige Detailaufstellung der SPSS-Auswertung sowie die für die Hypothesenprüfungen relevanten SPSS-Outputs beigefügt.

Als Grundgesamtheit des vorliegenden Untersuchungsgegenstandes können alle
Österreicher zwischen 15 und 74 Jahren, deren Haushalt zumindest einen Fernseher aufweist, definiert werden.

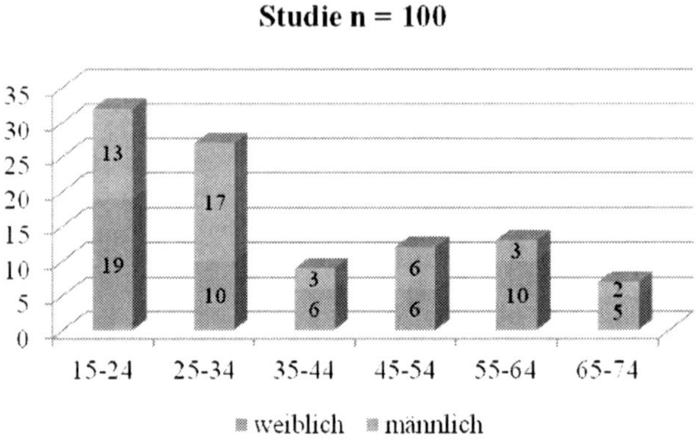

Studie n = 100

Abb. 5: **Stichprobengröße der Studie** (eigene Darstellung)

Um eine Teilerhebung von n = 100 Probanden durchführen zu können, entschied
sich die Autorin hinsichtlich der Struktur der Stichprobe für eine willkürliche
Auswahl. Folglich wurden für die Studie einfach erreichbare Österreicher der
genannten Altersgruppen befragt. Hierfür wurden für den Marktforschungszeitraum von 17.03. – 21.03.2015 einerseits die belebte Mariahilfer-Straße in Wien
und andererseits die Fachhochschule Salzburg gewählt. An der Studie nahmen
56 weibliche und 44 männliche Testpersonen teil. Aus der oben stehenden Abbildung geht hervor, dass sich für die Studie besonders junges Fernsehpublikum
im Alter von 15 bis 34 Jahren begeistern ließ. Sofern sich das Alter auf den Erinnerungswert und die Akzeptanz von Werbung sowie das Involvement gegenüber Fruchtsäften auswirkt, könnte in diesem Fall eine Verzerrung der Ergebnisse vorliegen. In Bezug auf die Repräsentativität der Studie ist dies bei der
Interpretation der Resultate zu berücksichtigen.

Page 43.

Nachfolgend finden sich Bildausschnitte zu *Pfanners* TV-Spot „Apple Picking" / „Peter Pfanner und die Apfelernte". Dieser dient als Grundlage für die Überprüfung jener der vorliegenden Arbeit zugrunde liegenden Hypothesen.

Abb. 6: Bildausschnitt TV-Spot Apple Picking 1 (Youtube 2014, online)

Abb. 7: Bildausschnitt TV-Spot Apple Picking 2 (Youtube 2014, online)

6 ERGEBNISSE DER STUDIE

Dieses Kapitel fasst die Resultate der durchgeführten Marktforschung zusammen. Von den 100 Testpersonen erwiesen sich 96 als glaubwürdig und zuverlässig. Die Angaben der restlichen vier wurden für nicht valide befunden, da Werbespots bzw. Produktkategorien als „gesehen / richtig" angekreuzt wurden, welche nicht dabei waren. Aus diesem Grund basieren die nachfolgenden Ergebnisse auf einer Stichprobengröße von n = 96.

Die Messung des TV-Spot-Images wurde in der Studie unter anderem mittels Anwendung eines semantischen Differenzials umgesetzt. Durch Verknüpfung der einzelnen individuell wahrgenommenen Ausprägungen je Eigenschaft entstand pro Testperson ein Image-Profil für *Pfanners* TV-Spot. Diese wurden schließlich zu einem gesamten, „durchschnittlichen" Polaritäten-Profil zusammengefasst, welches in einem weiteren Schritt jenem vom Unternehmen definierten Ideal-Bild gegenübergestellt wurde:

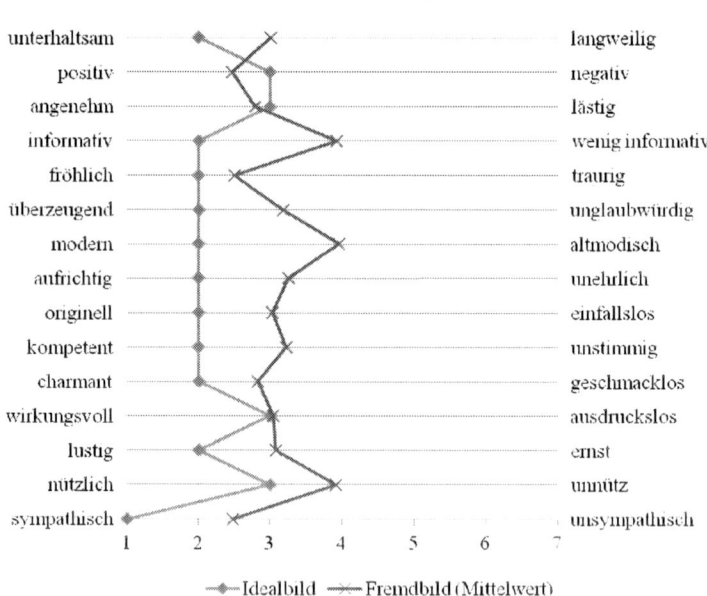

Abb. 8: Polaritäten-Profil „Peter Pfanner und die Apfelernte" (eigene Darstellung)

Das aus der Imageanalyse hervorgegangene Polaritäten-Profil von Pfanners TV-Spot wurde in Anlehnung an Aakers (1997) Modell der Markenpersönlichkeit erstellt.

Neben den postulierten Dimensionen Aufrichtigkeit, Aufregung, Kompetenz, Erfahrenheit / Klugheit und Stärke (vgl. die Attribute aufrichtig, originell, kompetent, charmant und wirkungsvoll) wurden noch weitere Eigenschaftspaare in die Imageanalyse von Pfanners TV-Spot aufgenommen.

Dieses Konstrukt der Markenpersönlichkeit ermöglichte die Erfassung des gegenwärtigen Images von Pfanners TV-Spot, welches dem durchschnittlichen Fremdbild der Testpersonen entspricht. Ferner wurde die Formulierung des gewünschten Idealbildes anhand der vorgegebenen Attribut-Paare unterstützt. Das angefertigte Polaritäten-Profil verdeutlicht das überdurchschnittlich gute Image, welches der TV-Spot nach außen hin transportiert: Lediglich die Attributpaare *informativ / wenig informativ, modern / altmodisch* und *nützlich / unnütz* wurden von den Testpersonen neutral („4") bewertet. Zudem wird der TV-Spot von den Konsumenten *positiver* und *angenehmer* angesehen als vom Unternehmen selbst.

Allgemein ist im Rahmen der Imageanalyse zu erwähnen, dass der TV-Spot 83% der Befragten sehr gut bzw. eher gut gefällt. Allerdings konnte ein wesentlicher Unterschied hinsichtlich Geschlecht und Alter verzeichnet werden: Während 87,5% der Frauen den TV-Spot (sehr) gut bewerteten, sind es bei den Männern nur 77,3%. Außerdem stehen jüngere Altersklassen (15-44) dem TV-Spot eher kritisch gegenüber, wohingegen der TV-Spot Personen im Alter von 55-74 Jahren besonders anspricht. Wie aus mehreren Einzelaussagen hervorgeht, ist dies womöglich darauf zurückzuführen, dass die im TV-Spot vorkommenden Personen (Peter Pfanner und Apfelbauer) selbst mittleren Alters sind. Zudem werden die früheren *Pfanner*-TV-Spots mit dem Bären vom jüngeren Publikum als unterhaltsamer empfunden. Die 3-Teilung des neuen TV-Spots kommt bei den Konsumenten unterschiedlich an; die Mehrheit befindet sie jedoch für gut, da Spannung aufgebaut wird.

Im Folgenden werden die Ergebnisse der Studie – den jeweiligen Hypothesen zugehörig – chronologisch dokumentiert.

6.1 Hypothese I

Zur empirischen Überprüfung der kognitiven Werbewirkungen wurden einerseits ein freier sowie ein gestützter Recall-Test und andererseits ein Recognition-Tests durchgeführt. Die freie Erinnerung wurde mit der Frage „An welche TV-Spots bzw. Marken können Sie sich spontan erinnern?" gemessen. Die gestützte Erinnerung wurde mit der Frage „Für welche der folgenden Produkte bzw. Anbieter war in dem gezeigten Sendungsausschnitt ein TV-Spot enthalten?" mittels Vorgabe einer Checkbox in Erfahrung gebracht. Der Recognition-Test erfolgte unter Vorgabe von Bildausschnitten diverser TV-Spots. Deren Wiedererkennung wurde mit der Frage „Welche dieser TV-Spots waren in dem vorhin gezeigten Sendungsausschnitt dabei" abermals mittels Vorgabe einer Checkbox eruiert. Sowohl beim gestützten Recall-Test als auch beim Recognition-Test wurden mehrere „falsche" Optionen untergemischt, um die Tests möglichst valide zu gestalten. Probanden, welche solche falschen Optionen ankreuzten, wurden als unglaubwürdig eingestuft und mittels Filter aus der Stichprobe eliminiert.

Für die Überprüfung der Hypothese „Beim Wiedererkennen wird mehr reproduziert als beim Erinnern, wobei das gestützte Erinnern höhere Erinnerungswerte mit sich bringt als das freie Erinnern" wird nachfolgend aufgezeigt, wie viele Personen sich unter unterschiedlichen Bedingungen an *alle* der acht gezeigten TV-Spots erinnern konnten:

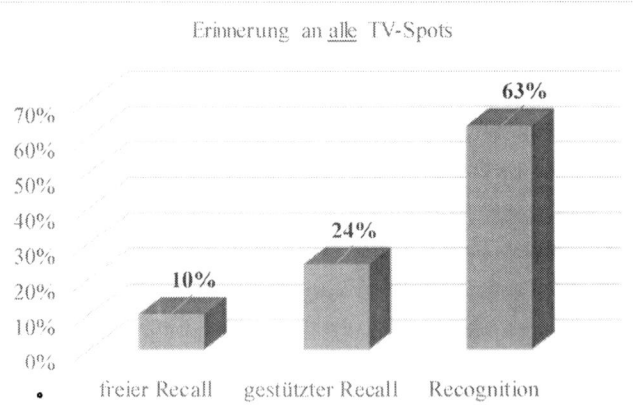

Abb. 9: Erinnerungsleistung an alle TV-Spots (eigene Darstellung)

Die obenstehende Abbildung verdeutlicht, dass aus dem Recognition-Test wesentlich höhere Erinnerungswerte hervorgehen als beim Recall-Test. Während
63% der Testpersonen *alle* TV-Spots *wiedererkannten*, waren es nur 24%, welche sich an *alle* TV-Spots unter Vorgabe einer Produktkategorie-Checkliste erinnerten. *Frei* erinnern an *alle* TV-Spots konnten sich wiederum bloß 10% der
Befragten. Das Wiedererkennen fällt demzufolge leichter als das Erinnern an
TV-Spots. Diese Erkenntnis wurde bereits im theoretischen Teil der vorliegenden Arbeit dargelegt (vgl. Felser 2007, 454; Lermann, Garbarino 2002, 632-633;
Du Plessis 1994, 86) und kann nun anhand der vorliegenden empirischen Ergebnisse bestätigt werden.

Der überaus hohe Erinnerungswert speziell an *Pfanners* TV-Spot (vgl. Abb. 10)
begründet sich womöglich durch dessen 3-Teilung. Hier kommt Kroeber-Riels
und Eschs (2011, 231) Erkenntnis, dass die Anzahl der Werbewiederholungen
eine wesentliche Bestimmungsgröße der Werbewirkung darstellt, zum Tragen.
Außerdem könnte der hohe Erinnerungswert darauf zurückzuführen sein, das
Pfanners TV-Spot – im Gegensatz zu anderen herangezogenen TV-Spots – emotionaler gestaltet ist und deshalb besser in Erinnerung bleibt. Diese Feststellung
hinsichtlich der Auswirkungen emotionaler Gestaltung von TV-Spots machten
auch Mehta und Purvis (2006, 54) in ihrer durchgeführten Studie.

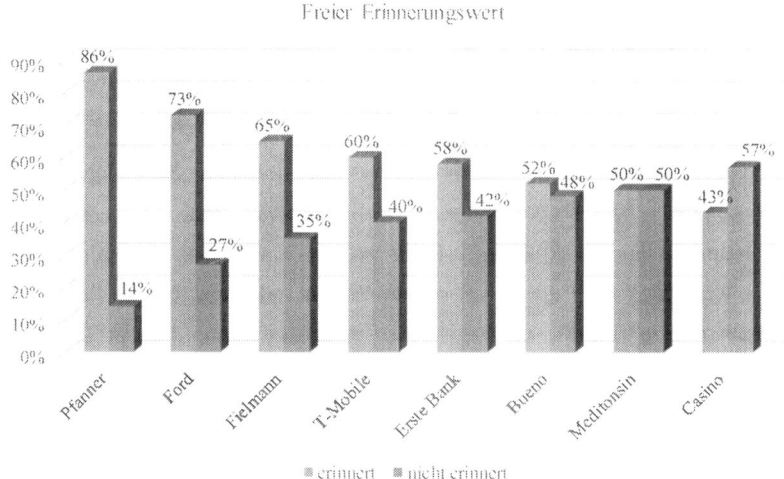

Abb. 10: Freie Erinnerungsleistung an die unterschiedlichen TV-Spots (eigene Darstellung)

Die Gegebenheit, dass sich nur 14% *nicht* frei an *Pfanners* TV-Spot erinnern konnten (geringe Aufmerksamkeit deutet auf niedriges Involvement hin), ist im Zuge der Überprüfung der nächsten Hypothese zu berücksichtigen. Ein derart geringer Wert nimmt Einfluss auf deren Aussagekraft und könnte eine Verzerrung der Ergebnisse mit sich bringen.

6.2 Hypothese II

Zur Überprüfung der Hypothese „Es besteht ein Zusammenhang zwischen dem Involvement gegenüber einem Produkt *(Fruchtsaft)* und der freien Erinnerungsleistung an den entsprechenden TV-Spot *(Pfanner)*" wurde der beim freien Recall erzielte Erinnerungswert an *Pfanners* TV-Spot (0 = nicht erinnert; 1 = erinnert) mit dem individuellen Involvement gegenüber Fruchtsäften in Relation gesetzt. Um das Produktinvolvement operationalisieren zu können, wurden Aussagen für den Fragebogen formuliert, welche von den einzelnen Probanden unterschiedlich bewertet werden konnten (1 = stimme nicht zu; 2 = stimme weniger zu; 3 = stimme eher zu; 4 = stimme voll und ganz zu). Die angegebenen Antwortmöglichkeiten können hier äquivalent zur Involvement-Ausprägung verwendet werden: 1 = nicht involviert; 2 = wenig involviert; 3 = eher involviert; 4 = hoch involviert. Da die Variable *Involvement* aus acht Aussagen besteht, wurde hierfür der Median pro Testperson ermittelt. Dieser stellt denjenigen Punkt der Messwertskala dar, der in der Mitte der größenmäßig geordneten Merkmalsausprägungen steht und somit robust gegen Ausreißer ist (Bergbauer 2008, 125).

Der Hypothesenprüfung liegen demzufolge zwei unterschiedlich skalierte Variablen zugrunde: Der freie Erinnerungswert unterliegt einer nominalen Skalierung, während das Produktinvolvement ordinal-skaliert ist. Die abhängige der beiden Variablen stellt der Erinnerungswert dar, wohingegen das Involvement die unabhängige Variable wiedergibt. An dieser Stelle kommt die Frage auf, welches Verfahren für die Überprüfung dieser Hypothese am geeignetsten ist. Diesbezüglich fiel die Wahl der Autorin auf die Durchführung einer Kontingenzanalyse, welche die (Un-)Abhängigkeit zweier nominal- bzw. ordinalskalierter Variablen untersucht (Akremi, Baur 2011, 169).

Den Ausgangspunkt für die Kontingenzanalyse bildet die Kreuztabellierung (Akremi, Baur 2011, 170). Hier werden einander die beiden Variablen mitsamt ihren Ausprägungen gegenübergestellt, wobei die abhängige Variable – in diesem Fall der freie Recallwert –in der Zeile positioniert wird.

Kreuztabelle unaided_pfanner*involve_MEDIAN

			involve_MEDIAN							Gesamtsumme
			1,00	1,50	2,00	2,50	3,00	3,50	4,00	
unaided_pfanner	nicht erinnert	Anzahl	1	0	5	0	4	1	2	13
		Erwartete Anzahl	,8	,7	3,7	,5	5,8	,3	1,2	13,0
	erinnert	Anzahl	5	5	22	4	39	1	7	83
		Erwartete Anzahl	5,2	4,3	23,3	3,5	37,2	1,7	7,8	83,0
Gesamtsumme		Anzahl	6	5	27	4	43	2	9	96
		Erwartete Anzahl	6,0	5,0	27,0	4,0	43,0	2,0	9,0	96,0

Abb. 11: Kreuztabelle (ordinal) zu Hypothese II (SPSS-Output)

Im nächsten Schritt erfolgte die Berechnung des Chi-Quadrat-Wertes, bei welchem die beobachteten Häufigkeiten den erwarteten Häufigkeiten gegenübergestellt werden (Bühl 2012, 298). Dieser Test setzt voraus, dass maximal 20% der Kreuztabellen-Felder erwartete Häufigkeiten von < 5 aufweisen dürfen (Bühl 2012, 301).

Chi-Quadrat-Tests

	Wert	df	Asymp. Sig. (zweiseitig)
Pearson-Chi-Quadrat	5,541[a]	6	,477
Likelihood-Quotient	5,935	6	,431
Zusammenhang linear-mit-linear	,075	1	,784
Anzahl der gültigen Fälle	96		

a. 9 Zellen (64,3%) haben die erwartete Anzahl von weniger als 5. Die erwartete Mindestanzahl ist ,27.

Abb. 12: Chi-Quadrat-Test (ordinal) zu Hypothese II (SPSS-Output)

Wie aus der obigen Darstellung (Abb. 12) hervorgeht, wird diese Voraussetzung im vorliegenden Fall leider nicht erfüllt, da 9 Zellen die erwartete Anzahl von weniger als 5 besitzen. Um dennoch eine Signifikanzprüfung der Abhängigkeit der beiden Variablen *Produktinvolvement* und *freier Recallwert* mittels Chi-Quadrat-Test durchführen zu können, entschloss sich die Autorin dazu, die vorliegenden sieben Medianwerte des Involvements auf zwei zu beschränken: *1 = weniger / nicht involviert* und *2 = eher / hoch involviert*. Hierfür war die Kategorisierung auf ein niedrigeres – in diesem Fall auf ein nominales – Skalenniveau erforderlich. Für dieses Verfahren wurden alle Personen, die bezüglich des Involvements einen Median kleiner gleich 2 aufwiesen, Kategorie 1 zugewiesen. Alle Personen mit einem Median größer gleich 3 wurden wiederum Kategorie 2 untergeordnet. Personen, welche hier einen Wert von 2,5 aufwiesen, konnten keiner klaren Dimension zugeordnet werden und wurden folglich aus der Stichprobe herausgefiltert. Die neue Stichprobengröße für die Überprüfung dieser Hypothese betrug nun n = 92.

Der Autorin ist bewusst, dass ein solches Vorgehen statistisch gesehen nicht einwandfrei ist, da eine ordinal-skalierte Variable nicht einfach in eine nominalskalierte Variable umgewandelt werden kann. So ist beispielsweise darauf hinzuweisen, dass durch die Kategorisierung der Variablen auf ein niedrigeres Skalenniveau messtheoretische Informationsverluste bzw. Informationsverzerrungen entstehen, da die genauen Abstände der einzelnen Ausprägungen nicht mehr bekannt sind (Schendera 2010, 14). Allerdings soll an dieser Stelle angemerkt werden, dass *involvierte* Personen bei bloßer Auswahlmöglichkeit der Aussagenbewertung zwischen *1 = stimme nicht zu* und *2 = stimme zu* stets letztere Option wählen würden – diese Behauptung gilt auch anders herum für kaum involvierte Personen. Das Zusammenführen von jeweils zwei Ausprägungen des Involvements (*hoch involviert* und *eher involviert* sowie *wenig involviert* und *nicht involviert*) stellt demnach in den Augen der Verfasserin kein Problem dar, da das neu erzielte Ergebnis im weiteren Sinn keiner Verzerrung unterliegt. Schließlich geben die erstellten Kategorien *weniger / nicht involviert* und *eher / hoch involviert* bloß eine Kumulierung der ursprünglichen Ausprägungen wieder.

Nachfolgend finden sich die Ergebnisse der neu durchgeführten Kontingenzanalyse, unter Verwendung von nominalem Skalenniveau der beiden Variablen.

Kreuztabelle unaided_pfanner*INVOLVE_nominal

| | | | INVOLVE_nominal | | |
			weniger / nicht involviert	eher / hoch involviert	Gesamtsumme
unaided_pfanner	nicht erinnert	Anzahl	6	7	13
		Erwartete Anzahl	5,4	7,6	13,0
	erinnert	Anzahl	32	47	79
		Erwartete Anzahl	32,6	46,4	79,0
Gesamtsumme		Anzahl	38	54	92
		Erwartete Anzahl	38,0	54,0	92,0

Abb. 13: Kreuztabelle (nominal) zu Hypothese II (SPSS-Output)

Der nun durchgeführte Chi-Quadrat-Test erfüllt die Bedingung, dass maximal 20% der Felder eine erwartete Häufigkeit von < 5 haben und ist somit gültig (vgl. Abb. 14). Allerdings weist er nach Pearson ein nicht signifikantes Ergebnis von p = 0,702 auf, was auf *keine* Abhängigkeit der beiden Variablen *Produktinvolvement* und *freier Erinnerungswert* hinweist.

Chi-Quadrat-Tests

	Wert	df	Asymp. Sig. (zweiseitig)	Exakte Sig. (zweiseitig)	Exakte Sig. (einseitig)
Pearson-Chi-Quadrat	,147[a]	1	,702		
Kontinuitätskorrektur[b]	,006	1	,937		
Likelihood-Quotient	,146	1	,703		
Exakter Test nach Fisher				,766	,463
Zusammenhang linear-mit-linear	,145	1	,703		
Anzahl der gültigen Fälle	92				

a. 0 Zellen (0,0%) haben die erwartete Anzahl von weniger als 5. Die erwartete Mindestanzahl ist 5,37.

Abb. 14: Chi-Quadrat-Test (nominal) zu Hypothese II (SPSS Output)

Folglich ist die Hypothese „Es besteht eine Abhängigkeit zwischen dem Involvement gegenüber einem Produkt *(Fruchtsaft)* und der freien Erinnerungsleistung an den entsprechenden TV-Spot *(Pfanner)*" aufgrund der vorliegenden Marktforschungsergebnisse zu widerlegen.

6.3 Hypothese III

Ähnlich wie bei der Operationalisierung des Involvements, wurden auch für das Konstrukt der allgemeinen Einstellung gegenüber Fernsehwerbung Aussagen formuliert. Etliche dieser wurden von Smit und Neijens (2000, 38) übernommen und mit einigen von den von der Axel Springer AG und Bauer Media Group herausgegebenen VerbraucherAnalysen (2010, 2011, 2012, online) ergänzt. Pro Testperson wurde der Median der 13 Aussagen ermittelt, welcher die mittlere Zustimmung zu TV-Spots deklariert. Diesbezüglich wies bloß 1% der Befragten eine hohe Akzeptanz auf, 23% gaben an, Fernsehwerbung *eher* zu akzeptieren, 54% bringen Fernsehwerbung wenig Akzeptanz entgegen und 22% überhaupt keine.

Für die Hypothese „Es besteht ein Zusammenhang zwischen der allgemeinen Akzeptanz von TV-Spots und der freien Erinnerungsleistung an TV-Spots" wurde zunächst eine neue Variable (Häuf_unaided) gebildet, welche die Anzahl der frei erinnerten TV-Spots auflistet. Folgt man dieser Hypothese, so sollten sich Personen, welche der allgemeinen Fernsehwerbung eine (eher) hohe Akzeptanz entgegenbringen, auch eine höhere Anzahl von frei erinnerten TV-Spots aufweisen können.

Der Überprüfung der Hypothese liegen wieder zwei unterschiedlich skalierte Variablen zugrunde: Während die abhängige Variable –die Anzahl der frei erinnerten TV-Spots – hier einem metrischen Skalenniveau unterliegt, ist die unabhängige Variable – die Einstellung bzw. Akzeptanz gegenüber Fernsehwerbung – durch die Bildung des Medians ordinal-skaliert. Bühl (2012, 174) schlägt für die Hypothesenprüfung unter Berücksichtigung der gegebenen Bedingungen die Durchführung einer Varianzanalyse bzw. einfaktoriellen ANOVA vor.

An dieser Stelle ist zu beachten, dass die Anwendung etlicher Verfahren, welche intervall-skalierte Variablen betreffen, die Gleichheit der Varianzen sowie die Normalverteilung derer Werte voraussetzt (Bühl 2012, 168). Aus diesem Grund erfolgte zunächst die Prüfung der metrisch-skalierten Variable *Häuf_unaided* auf Varianzhomogenität:

Varianzhomogenitätstest

Häuf_unaided

Levene-Statistik	df1	df2	Sig.
2,273	2	92	,109

Abb. 15: Levene-Test zu Hypothese III (SPSS-Output)

Der angewandte Levene-Test zeigt einen p-Wert von 0,109, was einen nicht signifikanten Wert darstellt und darum auf hinreichende Homogenität der Varianzen hinweist. Um die metrisch-skalierte Variable *Häuf_unaided* im nächsten Schritt auf Normalverteilung zu überprüfen, wurde der Kolmogorov-Smirnov-Test herangezogen.

Kolmogorov-Smirnov-Test bei einer Stichprobe

		Häuf_unaided
H		96
Parameter der Normalverteilung a,b	Mittelwert	4,8646
	Standardabweichung	2,00851
Extremste Differenzen	Absolut	,117
	Positiv	,105
	Negativ	-,117
Teststatistik		,117
Asymp. Sig. (2-seitig)		,003c

a. Die Testverteilung ist normal.
b. Aus Daten berechnet.
c. Signifikanzkorrektur nach Lilliefors.

Abb. 16: K-S-Test zu Hypothese III (SPSS-Output)

Der durchgeführte K-S-Test weist mit einem p-Wert von 0,003 auf eine signifikante Abweichung von der Normalverteilung hin, weshalb im Folgenden der U-Test nach Mann und Whitney für nichtnormalverteilte intervall-skalierte Variablen zur Hypothesenprüfung durchgeführt wurde (Bühl 2012, 170).

Ausgehend vom ermittelten Median der Variable *Akzeptanz* wurden die Ausprägungen zur Durchführung des U-Tests wieder auf zwei Kategorien beschränkt: *1 = keine / kaum Akzeptanz* und *2 = eher / hohe Akzeptanz*. Für dieses Verfahren wurden alle Personen, die einen Median kleiner gleich 2 aufwiesen, Kategorie 1 untergeordnet. Alle Personen mit einem Median größer gleich 3 wurden wiederum Kategorie 2 zugewiesen.

Auch an dieser Stelle ist der Autorin bewusst, dass ein solches Vorgehen statistisch gesehen nicht einwandfrei ist, da es etwaige messtheoretische Informationsverluste bzw. Informationsverzerrungen mit sich bringt (Schendera 2010, 14). Allerdings ist für die Durchführung des U-Tests die Bildung einer Gruppierungsvariablen mit bloß *zwei* Ausprägungen nötig (Bühl 2012, 382). Zudem ist die Autorin auch in dem hier gegeben Fall der Meinung, dass Personen, welche Fernsehwerbung wenig bzw. keine Akzeptanz entgegenbringen, bei bloßer Auswahlmöglichkeit der Aussagenbewertung zwischen *1 = stimme nicht zu* und *2 = stimme zu* immer erstere Option wählen würden.[3] Diese Behauptung gilt auch vice versa für Personen, welche Fernsehwerbung (eher) akzeptieren. Demzufolge gestaltet sich das Zusammenführen von jeweils zwei Ausprägungen der allgemeinen Akzeptanz bzw. Einstellung gegenüber Fernsehwerbung (*hohe Akzeptanz* und *eher hohe Akzeptanz* sowie *wenig Akzeptanz* und *keine / kaum Akzeptanz*) in den Augen der Verfasserin als unproblematisch.

Auch hier ist das neu erzielte Ergebnis im weiteren Sinn von keiner Verzerrung betroffen, da die neu erstellten Kategorien *keine / kaum Akzeptanz* und *eher / hohe Akzeptanz* bloß eine Kumulierung der ursprünglichen Ausprägungen darstellen.

---

[3] Anmerkung der Verfasserin: Diese Aussage gilt ausschließlich für im Fragebogen *positiv* formulierte Aussagen. Für negativ formulierte Aussagen (z.B. „TV-Spots enthalten oft falsche Behauptungen.") gilt das entgegengesetzte Antwortverhalten (bei hoher Akzeptanz würden solche Aussagen folglich mit „stimme nicht zu" bewertet werden). Im Anhang findet sich diesbezüglich die Detailaufstellung der Auswertung im SPSS.

Ränge

	AKZEPT_nominal	H	Mittlerer Rang	Summe der Ränge
Häuf_unaided	keine / kaum Akzeptanz	75	49,29	3696,50
	eher / hohe Akzeptanz	21	45,69	959,50
	Gesamtsumme	96		

Teststatistiken[a]

	Häuf_unaided
Mann-Whitney-U-Test	728,500
Wilcoxon-W	959,500
U	-,528
Asymp. Sig. (2-seitig)	,597

a. Gruppierungsvariable: AKZEPT_nominal

Abb. 17: U-Test nach Mann und Whitney zu Hypothese III (SPSS-Output)

Der angewandte U-Test nach Mann und Whitney zeigt kein signifikantes Ergebnis ($p = 0,597$). Das bedeutet, dass die jeweilige Ausprägung der Akzeptanz gegenüber Fernsehwerbung keine wesentlichen Unterschiede im freien Erinnern bewirkt und die Hypothese „Es besteht ein Zusammenhang zwischen der allgemeinen Akzeptanz von TV-Spots und der freien Erinnerungsleistung an TV-Spots" anhand der vorliegenden Marktforschungsergebnisse *nicht* belegt werden kann.

6.4 Hypothese IV

Der Überprüfung der Hypothese „Es besteht ein Zusammenhang zwischen dem Gefallen an einem TV-Spot *(Pfanner)* und der Kaufbereitschaft gegenüber dem beworbenen Produkt *(Fruchtsaft)*" liegt zum einen die ordinal-skalierte, unabhängige Variable *Gefallen* und zum anderen die nominal-skalierte, abhängige Variable *Kaufverhalten* zugrunde. Nachfolgend wird eine Kontingenzanalyse durchgeführt, um die Abhängigkeit bzw. Unabhängigkeit der beiden Variablen untersuchen zu können.

Kreuztabelle Kaufverhalten*Gefallen

			Gefallen				Gesamtsumme
			sehr gut	eher gut	weniger gut	gar nicht	me
Kaufverhalten	nein	Anzahl	9	32	13	2	56
		Erwartete Anzahl	15,2	30,9	8,8	1,2	56,0
	ja	Anzahl	17	21	2	0	40
		Erwartete Anzahl	10,8	22,1	6,3	,8	40,0
Gesamtsumme		Anzahl	26	53	15	2	96
		Erwartete Anzahl	26,0	53,0	15,0	2,0	96,0

Chi-Quadrat-Tests

	Wert	df	Asymp. Sig. (zweiseitig)
Pearson-Chi-Quadrat	12,492[a]	3	,006
Likelihood-Quotient	13,909	3	,003
Zusammenhang linear-mit-linear	12,259	1	,000
Anzahl der gültigen Fälle	96		

a. 2 Zellen (25,0%) haben die erwartete Anzahl von
weniger als 5. Die erwartete Mindestanzahl ist ,83.

Abb. 18: Kontingenzanalyse (ordinal) zu Hypothese IV (SPSS-Output)

Wie aus der obigen Darstellung hervorgeht, wird die beim Chi-Quadrat-Test gegebene Voraussetzung, dass maximal 20% der Kreuztabellen-Felder erwartete Häufigkeiten von < 5 aufweisen (Bühl 2012, 301), im vorliegenden Fall leider nicht erfüllt. 25% der Zeilen haben eine erwartete Anzahl von weniger als 5.

Um die Signifikanzprüfung der Abhängigkeit der beiden Variablen *Gefallen* und *Kaufverhalten* trotzdem mittels Chi-Quadrat-Test durchführen zu können, wurden auch hier die Ausprägungen der unabhängigen Variablen *Gefallen* von vier auf zwei reduziert. Die Antwortmöglichkeiten *weniger gut* und *gar nicht* wurden Kategorie *1 = Gefallen: nein* zugeordnet, wohingegen die Ausprägungen *sehr gut* und *eher gut* Kategorie *2 = Gefallen: ja* untergeordnet wurden.

Auch unter den hier gegebenen Umständen ist sich die Autorin darüber bewusst, dass die Umwandlung einer ordinal-skalierten in eine nominal-skalierte Variable mit etwaigen messtheoretischen Informationsverlusten einhergeht (Schendera 2010, 14), aber dennoch zur erfolgreichen Überprüfung dieser Hypothese notwendig ist. Das neu erzielte Ergebnis unterliegt im weiteren Sinn jedoch keiner Verzerrung, da die erstellten Kategorien *Gefallen: nein* und *Gefallen: ja* bloß eine Kumulierung der Ausprägungen *weniger gut* und *gar nicht* sowie *sehr gut* und *eher gut* darstellen.

Kreuztabelle Kaufverhalten*gefallen_nominal

			gefallen_nominal		Gesamtsumme
			nein	ja	
Kaufverhalten	nein	Anzahl	14	42	56
		Erwartete Anzahl	9,3	46,7	56,0
	ja	Anzahl	2	38	40
		Erwartete Anzahl	6,7	33,3	40,0
Gesamtsumme		Anzahl	16	80	96
		Erwartete Anzahl	16,0	80,0	96,0

Chi-Quadrat-Tests

	Wert	df	Asymp. Sig. (zweiseitig)	Exakte Sig. (zweiseitig)	Exakte Sig. (einseitig)
Pearson-Chi-Quadrat	6,720[a]	1	,010		
Kontinuitätskorrektur[b]	5,357	1	,021		
Likelihood-Quotient	7,645	1	,006		
Exakter Test nach Fisher				,012	,008
Zusammenhang linear-mit-linear	6,650	1	,010		
Anzahl der gültigen Fälle	96				

a. 0 Zellen (0,0%) haben die erwartete Anzahl von weniger als 5. Die erwartete Mindestanzahl ist 6,67.

b. Berechnung nur für eine 2x2-Tabelle

Abb. 19: Kontingenzanalyse (nominal) zu Hypothese IV (SPSS-Output)

Der nun durchgeführte Chi-Quadrat-Test erfüllt die Voraussetzung, dass maximal 20% der Felder eine erwartete Häufigkeit von < 5 haben und ist somit valide. Nach Pearson weist der Test einen signifikanten Wert von p = 0,01 auf, was auf einen Zusammenhang der beiden Variablen *Gefallen* (des TV-Spots) und *Kaufverhalten* hindeutet. Die Stärke dieses Zusammenhanges soll nun mittels Berechnung des Korrelationskoeffizienten ermittelt werden:

Symmetrische Maße

	Wert	Asymp. Standardfehl er[a]	Näherungsw eise A[b]	Näherungsw eise Sig.
Intervall bezüglich Intervall Pearson-R	,265	,078	2,660	,009[c]
Ordinal bezüglich Spearman-Ordinal Korrelation	,265	,078	2,660	,009[c]
Anzahl der gültigen Fälle	96			

a. Die Nullhypothese wird nicht vorausgesetzt.
b. Unter Annahme der Nullhyphothese wird der asymptotische Standardfehler verwendet.
c. Basierend auf normaler Approximation.

Abb. 20: Korrelationskoeffizient zu Hypothese IV (SPSS-Output)

Der Spearman'sche Korrelationskoeffizient weist dieselben Werte auf wie jener von Pearson. Liegen keine intervall-skalierten Variablen vor, so ist – wie auch im vorliegenden Fall – ersterer heranzuziehen (Bühl 2012, 302). Dieser ist mit p <= 0,01 sehr effizient und beträgt 0,265, was auf eine geringe Korrelation zwischen den beiden positiv korrelierten Variablen hinweist.

Die Hypothese „Es besteht ein Zusammenhang zwischen dem Gefallen an einem TV-Spot *(Pfanner)* und der Kaufbereitschaft gegenüber dem beworbenen Produkt *(Fruchtsaft)*" kann entsprechend der vorliegenden Untersuchungsergebnisse belegt werden.

6.5 Hypothese V

Im theoretischen Teil der vorliegenden Arbeit wurde das Modell der Wirkungspfade dargelegt. Für den empirischen Part war diesbezüglich das Ziel gesetzt, die Wirkungspfade bei emotionaler Werbung und stark bzw. schwach involvierten Konsumenten am Beispiel des TV-Spots von *Pfanner* nachvollziehen zu können. Die Überprüfung dieser Wirkungspfade erfolgte durch die Verknüpfung mehrerer Fragen, deren Antworten mithilfe von SPSS ausgewertet und miteinander in Beziehung gesetzt wurden.

Zunächst wurden die Wirkungspfade bei emotionaler Werbung und wenig involvierten Konsumenten empirisch überprüft. Hier wurden die emotionalen und ·kognitiven Vorgänge jener Personen mit einem Involvement von kleiner gleich Median = 2 *(wenig involviert* und *nicht involviert)* analysiert. Nachdem mittels

Datenauswertung die entsprechende Involvement-Ausprägung gegenüber Fruchtsäften ermittelt worden ist, konnten im nächsten Schritt Angaben zur allgemeinen Fernsehwerbung-Akzeptanz sowie zum Gefallen des TV-Spots damit in Relation gesetzt werden. Um anschließend überprüfen zu können, dass bei emotionaler Werbung und *wenig involvierten* Konsumenten keine bzw. kaum kognitive Vorgänge stattfinden, wurden der Slogan und das Logo der Marke *Pfanner* abgefragt. Folgt man der Theorie des Modells der Wirkungspfade, so dürften wenig involvierte Personen diese gefragten Informationen nur selten bis gar nicht wiedergeben können (Kroeber-Riel, Esch 2011, 235). Abschließend wurde die Kaufabsicht gegenüber *Pfanner* Produkten erfragt, wodurch alle wesentlichen Aspekte des Modells überprüft wurden.

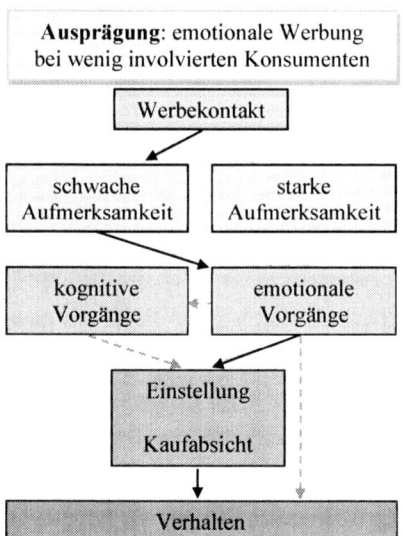

Abb. 21: Modell der Wirkungspfade bei emotionaler Werbung und wenig involvierten Personen (eigene Darstellung; in Anlehnung an Kroeber-Riel, Esch 2011, 233)

Dieses Modell der Wirkungspfade lässt sich aufgrund der vorliegenden Markt-forschungsergebnisse folgendermaßen interpretieren: 40% der Befragten sind gegenüber Fruchtsäften nicht bzw. nur wenig involviert, was gemäß Kroeber-Riel, Weinberg und Gröppel-Klein (2009, 638) mit einer (eher) geringen Auf-merksamkeit hinsichtlich des TV-Spots einhergeht. Diesbezüglich ging aus der Studie allerdings hervor, dass sich dennoch 84% aller gering bzw. nicht invol-vierten Personen frei an *Pfanners* TV-Spot erinnern konnten. An dieser Stelle sei noch einmal auf den hohen allgemeinen Erinnerungswert an diesen TV-Spot ver-wiesen (siehe Hypothese I).

Bei dieser Modellkonstellation spielen das Gefallen des TV-Spots sowie die all-gemeine Akzeptanz gegenüber Fernsehwerbung eine wesentliche Rolle (Kro-eber-Riel, Esch 2011, 235). Da kognitive Aspekte daher kaum von Bedeutung sind, wurden in weiterer Folge alle schwach involvierten Personen dahingehend analysiert, ob das Gefallen (*eher gut* und *sehr gut*), das sie *Pfanners* TV-Spot entgegenbringen, sowie die Zustimmung zur Fernsehwerbung (eher Akzeptanz und hohe Akzeptanz) deren Einstellung sowie konatives Verhalten positiv be-einflussen.

82% der Betroffenen gaben an, dass ihnen der TV-Spot gut gefalle. Allerdings wiesen nur 5% der schwach involvierten Personen eine Akzeptanz gegenüber Fernsehwerbung auf. Folgt man Kroeber-Riel und Esch (2011, 235), so führen diese positiven Vorgänge nun zu einer Einstellungsbildung gegenüber dem Pro-dukt bzw. der Marke. In der durchgeführten Studie wurde diesbezüglich von je-dem einzelnen Probanden ein Polaritäten-Profil hinsichtlich *Pfanners* TV-Spot erstellt, welches die Einstellung zu diesem wiederspiegelt.

Schlussendlich entstehen konative Wirkungen, welche sich durch das Kaufver-halten ausdrücken. In dieser Hinsicht gaben 45% jener niedrig involvierten Per-sonen, denen der TV-Spot gefiel (inklusive jener 5%, welche eine Akzeptanz für TV-Werbung aufwiesen), an, Produkte aufgrund des TV-Spots kaufen zu wol-len. Unter all jenen niedrig involvierten Probanden, denen der TV-Spot *nicht* gefiel und ebenso keine Akzeptanz gegenüber Fernsehwerbung aufwiesen, hatte *niemand* die Absicht, nun Produkte aufgrund des TV-Spots zu kaufen.

Folglich kann bestätigt werden, dass die Faktoren *Gefallen gegenüber dem TV-Spot* und *allgemeine Akzeptanz zur Fernsehwerbung* das konative Verhalten von schwach involvierten Werbeempfängern maßgeblich beeinflussen.

Obwohl gemäß Kroeber-Riel und Esch (2011, 235) kognitive Prozesse bei wenig involvierten Personen kaum von Bedeutung sind, kann anhand der vorliegenden Studienergebnisse belegt werden, dass emotionale Vorgänge etwaigen kognitiven Vorgängen vorgelagert sind und diese maßgebend bestimmen: Unter jenen niedrig involvierten Personen, denen der TV-Spot nicht gefiel, konnten bloß 5% Slogan und Logo nennen, während 40% jener niedrig involvierten Personen, denen der TV-Spot gefiel, beide Erkennungsmerkmale wiedergeben konnten. Außerdem kam die Autorin zu dem Ergebnis, dass die Kaufwahrscheinlichkeit ansteigt, sofern sich die Probanden Logo und/oder Slogan der Marke merken konnten. Unter allen niedrig involvierten Personen, welche sowohl Logo *und* Slogan des Unternehmens nennen konnten, gaben schließlich 53% an, Produkte aufgrund des TV-Spots kaufen zu wollen.

Im nächsten Schritt wurden die Wirkungspfade *involvierter* Personen analysiert, welche Fruchtsäften ein Involvement von größer gleich Median = 3 (*eher involviert* und *hoch involviert*) entgegenbringen.

Das nachfolgende Modell der Wirkungspfade ist folgendermaßen zu interpretieren: 56% der Befragten sprachen gegenüber Fruchtsäften ein (hohes) Involvement aus, welches gemäß Kroeber-Riel, Weinberg und Gröppel-Klein (2009, 638) mit einer (eher) starken Aufmerksamkeit hinsichtlich des TV-Spots einhergeht. Diesbezüglich ging aus der Studie hervor, dass sich 87% aller involvierten Personen frei an *Pfanners* TV-Spot erinnern konnten.

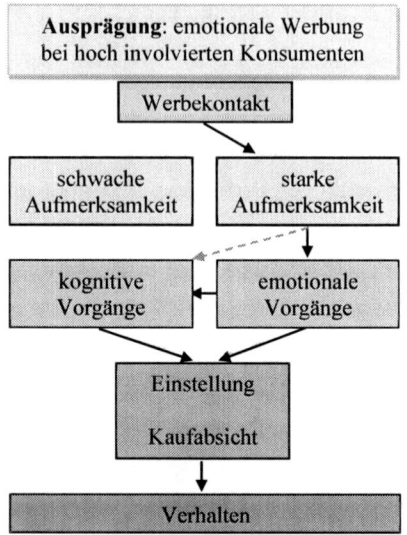

Abb. 22: Modell der Wirkungspfade bei emotionaler Werbung und involvierten Personen (eigene Darstellung; in Anlehnung an Kroeber-Riel, Esch 2011, 233)

Das hohe Involvement löst in der Folge grundsätzlich zunächst emotionale Vorgänge bei den Konsumenten aus. Wesentlich ist bei dieser Modellkonstellation, dass sich die Konsumenten gedanklich aktiv mit der Werbung befassen, was sich in Assoziationen bzw. Beurteilungen zum Produkt niederschlägt. (Kroeber-Riel, Esch 2011, 234-235)

An dieser Stelle wurden individuelle Statements der involvierten Probanden zur Interpretation emotionaler Prozesse herangezogen. In untenstehender Tabelle werden jene Aussagen, welche auf eine emotionale Informationsverarbeitung und gleichzeitig auf eine Einstellungsbildung schließen, wiedergegeben:

Individuelle Probanden-Statements	
„Auf Qualität wird geachtet" (4x)	„TV-Spot macht Gusto und durstig"
„Natürlich und gesund" (3x)	„Überzeugend"
„Erfrischend, heimatlich, natürlich, witzig"	„Spannend"
„Es wird suggeriert, dass das Produkt gesund ist und den Vitaminbedarf deckt"	„Wirkt sympathisch, überzeugt aber von der Qualität nicht so"
„Erinnert mich an meine Kindheit"	„Naturverbunden, Gesund-Image"
„Natürliches Obst, direkt vom Bauer"	„Fröhlichkeit und Spaß in grüner Natur"

Tab. 9: Emotionale Informationsverarbeitung (eigene Darstellung)

Zur weiteren korrekten Überprüfung dieser Wirkungspfade wurden für den nächsten Schritt ausschließlich jene involvierten Personen herangezogen, bei welchen eine emotionale Informationsverarbeitung aufgrund individueller Angaben auf dem Fragebogen (vgl. Tab. 10) festgestellt werden konnte. Da sich involvierte Personen gedanklich mit dem TV-Spot und dem Produkt verstärkt auseinandersetzen (Kroeber-Riel, Esch 2011, 235), sollten diese folglich die Fragen nach dem Unternehmens-Slogan und dem Markenlogo vermehrt beantworten können. In diesem Zusammenhang konnten folgende Auswirkungen der emotionalen Vorgänge auf die kognitive Auseinandersetzung mit informativen Aspekten der Werbung gemessen werden: 77% erkannten zumindest *Pfanners* Logo wieder und 53% konnten zumindest *Pfanners* Slogan nennen. 41% konnten den Slogan *und* das Logo des Unternehmens wiedergeben.

Um überprüfen zu können, dass emotionale Vorgänge kognitive Prozesse beeinflussen, wurden im nächsten Schritt jene (hoch) involvierten Personen herangezogen, bei denen aufgrund des Fragebogens *keine* emotionalen Vorgänge im Sinne von individuellen Statements beobachtet werden konnten. Unter ihnen erkannten zumindest 73% das Logo, 43% konnten zumindest den Slogan nennen und 32% konnten beide Wiedererkennungsmerkmale angeben.

Kognitive Vorgänge:	zumindest Logo erkannt	zumindest Slogan erkannt	Logo & Slogan erkannt
emotionale Vorgänge wurden beobachtet (verschriftlicht)	77%	53%	41%
emotionale Vorgänge wurden *nicht* beobachtet	73%	43%	32%

Tab. 10: Einfluss emotionaler Vorgänge auf kognitive Vorgänge (eigene Darstellung)

Die obenstehende Tabelle zeigt zwar, dass die Differenzen der kognitiven Werbewirkungen meist nur marginal sind, jedoch kann eine höhere kognitive Informationsverarbeitung tatsächlich bei jenen involvierten Personen verzeichnet werden, bei welchen zuvor emotionale Vorgänge aus den individuellen Statements abgelesen werden konnten. Dies spricht für die Erklärung des Wirkungspfades, dass emotionale Vorgänge kognitiven Prozessen *grundsätzlich* vorgelagert sind und diese beeinflussen. An dieser Stelle ist jedoch anzumerken, dass emotionale Vorgänge intrinsischer Art sind und deshalb in der Studie nur gemessen werden konnten, wenn diese als individuelle Statements der Testpersonen auch niedergeschrieben wurden.

Die emotionale und die kognitive Informationsverarbeitung nehmen schließlich gemeinsam Einfluss auf die Einstellung zum Produkt bzw. zur Marke (Kroeber-Riel, Esch 2011, 235). Wie bereits erwähnt, wurde in der durchgeführten Studie diesbezüglich von jeder einzelnen Testperson ein Polaritäten-Profil hinsichtlich *Pfanners* TV-Spot erstellt, welches die Einstellung zu diesem wiederspiegelt.

Schlussendlich entstehen konative Wirkungen, welche sich generell durch die Kaufabsicht bzw. das Kaufverhalten ausdrücken. Zur Untersuchung wurden zunächst wieder jene involvierten Personen, bei welchen emotionale Vorgänge beobachtet werden konnten, herangezogen. Diesbezüglich gaben 77% der Personen, die zumindest das Logo erkannten, und 67% der Personen, die zumindest den Slogan wiedergeben konnten, an, Produkte aufgrund des TV-Spots kaufen zu wollen. Bei jenen Befragten, welche sich an Logo *und* Slogan erinnern konnten, lag die Kaufabsicht sogar bei 86%.

Im Anschluss erfolgte die Überprüfung der konativen Werbewirkungen jener involvierten Personen, bei denen in der Studie *keine* emotionalen Vorgänge im Sinne von individuellen Statements beobachtet werden konnten. Hier gaben lediglich 26% der Personen, die zumindest das Logo erkannten, und nur 38% der Befragten, die zumindest den Slogan wiedergeben konnten, an, Produkte aufgrund des TV-Spots kaufen zu wollen. Bei jenen Probanden, welche sich an Logo *und* Slogan erinnern konnten, lag die Kaufabsicht bei 33%.

Kaufabsicht	zumindest Logo erkannt	zumindest Slogan erkannt	Logo & Slogan erkannt
Emotionale Vorgänge wurden beobachtet (verschriftlicht)	77%	67%	86%
Emotionale Vorgänge wurden *nicht* beobachtet	26%	38%	33%

Tab. 11: Kaufabsicht unter verschiedenen Bedingungen (eigene Darstellung)

Basierend auf den vorliegenden Untersuchungsergebnissen kann festgestellt werden, dass emotionale Werbewirkungen entscheidend sind für das nachfolgende konative Verhalten. Dies verdeutlicht die obenstehende Tabelle. Im Falle beobachteter emotionaler Vorgänge ist die Kaufwahrscheinlichkeit am höchsten (86%), wenn auch am meisten Markenwissen (hier: Logo und Slogan) vorliegt. Vorhandene kognitive Vorgänge begünstigen also die Kaufabsicht zusätzlich.

Abschließend lässt sich festhalten, dass die Wirkungspfade bei emotionaler Werbung und (hoch) involvierten bzw. wenig / nicht involvierten Konsumenten anhand von *Pfanners* TV-Spot empirisch nachvollzogen werden konnten.

7 CONCLUSIO

Ziel der vorliegenden Arbeit war die Beantwortung der leitenden Fragestellung nach der psychologischen Werbewirkungsmessung von TV-Spots. Beginnend mit der Auseinandersetzung mit dem kognitiven, affektiven und konativen Aspekt von Kommunikationswirkungen, wurden in einem weiteren Schritt verschiedene Messmethoden dieser psychologischen Wirkungen aufgezeigt. In dieser Hinsicht lag das Augenmerk sowohl im theoretischen als auch im empirischen Teil der Arbeit auf der Untersuchung der Imageanalyse sowie des Erinnerungs- und Wiedererkennungs-Tests. An dieser Stelle konnte festgehalten werden, dass ein Recognition-Test deutlich höhere Erinnerungswerte liefert als ein gestützter oder ungestützter Recall-Test und dass die entsprechenden Erinnerungswerte je nach Zielsetzung von unterschiedlicher Relevanz sein können.

In der themenrelevanten Literatur als „wesentliche Determinanten der Werbewirkung" bezeichnet, wurden nachfolgend das Involvement sowie die allgemeine Akzeptanz gegenüber Fernsehwerbung näher beleuchtet. Diesbezüglich konnte – basierend auf den Ergebnissen der durchgeführten Marktforschung – jedoch kein signifikanter Einfluss dieser Faktoren auf die kognitive Werbewirkung bewiesen werden. Es folgte die Gegenüberstellung ausgewählter Werbewirkungsmodelle und eine kritische Würdigung derer Effizienz. Basierend auf der theoretischen Analyse erfolgte im empirischen Teil die Überprüfung des Modells der Wirkungspfade. Hier konnten die Wirkungspfade bei emotionaler Werbung und stark bzw. schwach involvierten Konsumenten anhand von *Pfanners* TV-Spot empirisch nachvollzogen werden.

Aufbauend auf der theoretischen Auseinandersetzung mit der eingangs formulierten Problemstellung konnten die der Arbeit zugrunde liegenden Hypothesen anhand einer systematischen Vorgehensweise und des Einsatzes wissenschaftlicher Methoden empirisch bearbeitet werden.

7.1 Zusammenfassung der Ergebnisse

Als Grundlage für die Überprüfung der zugrunde liegenden Hypothesen diente *Pfanners* TV-Spot „Peter Pfanner und die Apfelernte".

Hypothese I *(„Beim Wiedererkennen wird mehr reproduziert als beim Erinnern, wobei das gestützte Erinnern höhere Erinnerungswerte mit sich bringt als das freie Erinnern")* lag die empirische Kontrolle der kognitiven Werbewirkung zugrunde. Die Untersuchung ergab, dass das Wiedererkennen wesentlich leichter fällt als das freie bzw. gestützte Erinnern an TV-Spots. Aus dem Recognition-Test gingen folglich deutlich höhere Erinnerungswerte hervor als bei den Recall-Test. Diese Erkenntnis wurde bereits im theoretischen Teil der vorliegenden Arbeit der themenrelevanten Literatur entnommen und konnte anhand der vorliegenden empirischen Ergebnisse bestätigt werden: Während 63% der Testpersonen alle TV-Spots *wiedererkannten*, waren es nur 24%, welche sich an alle TV-Spots unter Vorgabe einer Produktkategorie-Checkliste *(gestützt)* erinnerten. *Frei* erinnern konnten sich wiederum bloß 10% der Befragten an alle TV-Spots.

Zur Überprüfung von Hypothese II *(„Es besteht ein Zusammenhang zwischen dem Involvement gegenüber einem Produkt und der freien Erinnerungsleistung an den entsprechenden TV-Spot")* wurde eine Kontingenzanalyse durchgeführt, welche die (Un-)Abhängigkeit des freien Erinnerungswertes an *Pfanners* TV-Spot vom individuellen Involvement gegenüber Fruchtsäften untersuchte. Mittels Anwendung des Chi-Quadrat-Tests wurde allerdings ein nicht signifikantes Ergebnis von $p = 0,702$ erzielt, was auf eine Unabhängigkeit der beiden Variablen *Produktinvolvement* und *freier Erinnerungswert* hindeutet. Obwohl das Involvement in der Literatur als „wesentliche Bestimmungsgröße der Werbewirkung" bezeichnet wird, muss diese Hypothese aufgrund der vorliegenden Marktforschungsergebnisse widerlegt werden. Wie der Literatur zu entnehmen war, nimmt in diesem Zusammenhang das situative Involvement einen entscheidenden Einfluss auf die Werbewirkung. Dies würde unter anderem die Gegebenheit erklären, dass selbst Werbeempfänger mit hohem Produktinvolvement aufgrund situationsbedingter Umstände, wie etwa erhöhtem Zeitdruck, nicht bereit für eine intensive Auseinandersetzung mit der Werbung waren.

Folgt man Hypothese III *(„Es besteht ein Zusammenhang zwischen der allgemeinen Akzeptanz von TV-Spots und der freien Erinnerungsleistung an TV-Spots")*, so sollten sich Personen, welche der allgemeinen Fernsehwerbung eine (eher) hohe Akzeptanz entgegenbringen, auch eine höhere Anzahl von frei erinnerten TV-Spots aufweisen können. Nachdem der durchgeführte Levene-Test die Homogenität der Varianzen mit einem p-Wert von 0,109 bestätigte, erfolgte der Kolmogorov-Smirnov-Test zur Überprüfung der Normalverteilung. Da dieser mit einem p-Wert von 0,003 auf eine signifikante Abweichung von der Normalverteilung hinwies, wurde im Folgenden der U-Test nach Mann und Whitney für nichtnormalverteilte intervall-skalierte Variablen angewandt. Der erzielte p-Wert von 0,597 sagt aus, dass die Akzeptanz gegenüber Fernsehwerbung *keine* wesentlichen Unterschiede im freien Erinnern bewirkt, weshalb auch diese Hypothese anhand der vorliegenden Marktforschungsergebnisse nicht belegt werden konnte.

Die Überprüfung der Hypothese IV (*„Es besteht ein Zusammenhang zwischen dem Gefallen an einem TV-Spot und der Kaufbereitschaft gegenüber dem beworbenen Produkt"*) erfolgte mittels Anwendung einer Kontingenzanalyse. Der Chi-Quadrat-Test wies einen signifikanten Wert von p = 0,01 auf, was auf einen Zusammenhang der beiden Variablen *Gefallen* (des TV-Spots) und *Kaufverhalten* hindeutet. Die Stärke dieses Zusammenhanges wurde mittels Berechnung des Korrelationskoeffizienten ermittelt, welcher mit einem p-Wert von 0,009 sehr effizient ist und mit 0,265 auf eine geringe Korrelation zwischen den beiden positiv korrelierten Variablen hinweist. Folglich konnte diese Hypothese entsprechend der vorliegenden Untersuchungsergebnisse belegt werden.

Hypothese V besagte, dass die Wirkungspfade emotionaler Werbung gemäß des Modells der Wirkungspfade anhand des TV-Spots von *Pfanner* nachvollzogen werden können. Hierfür wurde im ersten Schritt das Wirkungsmuster aller Probanden, welche ein *geringes* Involvement gegenüber Fruchtsäften aufwiesen, empirisch auf seine Richtigkeit überprüft. Es konnte bestätigt werden, dass die hier dominierenden emotionalen Faktoren *Gefallen gegenüber dem TV-Spot* und *allgemeine Akzeptanz zur Fernsehwerbung* das konative Verhalten erheblich beeinflussen. Ebenso konnte belegt werden, dass emotionale Vorgänge etwaigen kognitiven Vorgängen vorgelagert sind und diese maßgebend bestimmen. Anschließend wurden die Wirkungspfade bei involvierten Werbeempfängern analysiert. Dass sich die Betroffenen gemäß des Modells gedanklich aktiv mit der entsprechenden Werbung befassen, konnte in der Studie durch Assoziationen bzw. Beurteilungen zum Produkt im Sinne „verschriftlichter" emotionaler Vorgänge bestätigt werden. Des Weiteren konnte eine höhere kognitive Informationsverarbeitung bei jenen involvierten Personen verzeichnet werden, bei welchen zuvor emotionale Vorgänge aus den individuellen Statements abgelesen worden waren. Dies spricht für die Erklärung des Wirkungspfades, dass emotionale Vorgänge kognitiven Prozessen grundsätzlich vorgelagert sind und diese auch beeinflussen. Außerdem konnte basierend auf den vorliegenden Untersuchungsergebnissen festgestellt werden, dass emotionale Werbewirkungen entscheidend sind für das nachfolgende konative Verhalten. Vorhandene kognitive Vorgänge begünstigen die Kaufabsicht zusätzlich.

7.2 Zukunftsausblick und Handlungsempfehlungen

Wie dieser Arbeit entnommen werden kann, ist die Kenntnis über die psychologische Werbewirkung in Zeiten starken Wettbewerbsdrucks für Werbetreibende von zunehmender Bedeutung.

Basierend auf den vorliegenden Studienergebnissen konnte jedoch hinsichtlich jener in der Literatur als „wesentliche Determinanten der Werbewirkung" bezeichneten Faktoren *Involvement* und *allgemeine Akzeptanz gegenüber Fernsehwerbung* kein signifikanter Einfluss auf die kognitive Werbewirkung gemessen werden. Eine hohe Akzeptanz gegenüber Fernsehwerbung und / oder ein hohes Produktinvolvement führen also nicht automatisch zu einem hohen Erinnerungswert der Werbung. So ging beispielsweise aus der Untersuchung hervor, dass zusätzlich das Gefallen an einem TV-Spot eine wesentliche Rolle spielt. Die Autorin kommt deshalb zu dem Schluss, dass es neben etlichen anderen Faktoren zu einem großen Teil die TV-Spot-*Gestaltung* an sich ist, welche die psychologische Werbewirkung maßgeblich beeinflusst. Dies würde die Tatsache begründen, dass bei *Pfanners* TV-Spot einerseits aufgrund seiner emotionalen Gestaltung und andererseits angesichts seiner 3-Teilung ein weitaus höherer freier Erinnerungswert erzielt wurde als bei den anderen herangezogenen TV-Spots.

Zur Erklärung der Werbewirkung stellt das in der Empirie überprüfte Modell der Wirkungspfade eine effiziente Methode dar. Allerdings möchte die Autorin darauf hinweisen, dass jegliche Verfahren zur psychologischen Werbewirkungs-

messung aufgrund der volatilen Marktsituation und Medienvielfalt ständig ange-
passt sowie weiterentwickelt werden müssen, um valide zu bleiben. Zusätzlich
ist besonders darauf zu achten, dass Werbetreibende aufgrund der erhöhten Informationsüberlastung zukünftig vermehrt auf wenig involvierte Konsumenten
stoßen und folglich ihre Kommunikationsaktivitäten danach ausrichten sollten.
Wie aus der vorliegenden Arbeit hervorgeht, werden ebendiese wenig involvierten Personen hauptsächlich von gefühlsmäßigen Nebensächlichkeiten, wie der
Gestaltung des TV-Spots oder Testimonials, auf emotionaler Ebene beeinflusst.
Zudem wirkt emotionale Werbung unter den genannten Gegebenheiten vor allem
nach den Gesetzmäßigkeiten der klassischen Konditionierung, welche besagt,
dass durch bloße *Wiederholungen* der Werbung eine emotionale Bindung zur
Marke entsteht.

Basierend auf diesen Schlussfolgerungen kann abschließend die Handlungsemp-
fehlung gegeben werden, dass – unter besonderem Fokus auf wenig involviertes
Fernsehpublikum – TV-Spots zukünftig verkürzt und dafür öfter geschaltet werden sollten, um die Wirkung von Werbebotschaften zu erhöhen.

V LITERATURVERZEICHNIS

Aaker, J. (1997): Dimensions of Brand Personality. In: Journal of Marketing Research. Vol. 34, No. 3, o.O., 347-356

Akremi, L., Baur, N., (2011): Kreuztabellen und Kontingenzanalysen. In: Akremi, L., Baur, N., Fromm, S. (Hg.) (2011): Datenanalyse mit SPSS für Fortgeschrittene 1. Datenaufbereitung und uni- und bivariate Statistik. 3. Auflage. Wiesbaden, 169-210

Alwitt, L., Prabhaker, P. (1992): Functional and Belief Dimensions of Attitudes to Television Advertising: Implications for Copytesting. In: Journal of Advertising Research, Vol. 32 No. 5, o.O., 30-42

Antil, J. (1984): Conceptualization and operationalization of involvement. In: Kinnear, T. (Hg.) (1984): Advances in Consumer Research. No. 11, o.O., 203-209

Bagozzi, R., Silk, A. (1983): Recall, Recognition, and the Measurement of Memory for Print Advertisements. In: Marketing Science. No. 2, o.O., 95-134

Bak, P. (2014): Werbe- und Konsumentenpsychologie. Stuttgart

Barg, C.-D. (1981): Die Tests in der Werbung. In: Tietz, B. (Hg.) (1981): Die Werbung: Handbuch der Kommunikations- und Werbewirtschaft. Rahmenbedingungen, Sachgebiete und Methoden der Kommunikation und Werbung. Landsberg am Lech, 925-955

Behrens, K. C. (1963): Absatzwerbung. Wiesbaden

Bergbauer A. K. (2008): Six Sigma in der Praxis. 3. Auflage. Renningen

Bongard, J. (2002): Werbewirkungsforschung. Grundlagen – Probleme – Ansätze. Münster

Bruhn, M. (2014): Unternehmens- und Marketingkommunikation: Handbuch für ein integriertes Kommunikationsmanagement. 3. Auflage. München

Bruhn, M. (2013): Kommunikationspolitik. Systematischer Einsatz der Kommunikation für Unternehmen. 7. Auflage. München

Bühl, A. (2012): SPSS 20. Einführung in die moderne Datenanalyse. 13. Auflage. München

Burst, M. (2002): SevenOne Media – Werbewirkungsforschung. Theorien, Methoden, Anwendungen. München

Cacioppo, J., Petty, R. (1979): Effects of Message Repetition and Position on Cognitive Response, Recall and Persuasion. In: Journal of Personality and Social Psychology. Vol. 37, No. 1, o.O., 97-109

Derieth, A. (1995): Unternehmenskommunikation. Eine theoretische und empirische Analyse zur Kommunikationsqualität von Wirtschaftsorganisationen. Band 5. Wiesbaden

Donthu, N., Cherian, J., Bhargava, M. (1993): Factors influencing Recall of Outdoor Advertising. In: Journal of Advertising Research. Vol. 33, No. 3, o.O., 64-72

Du Plessis, E. (1994): Recognition vs. Recall. In: Journal of Advertising Research. No. 3, o.O., 75-91

Ebli, C. (2010): Werbepsychologie: Psychologische Ansätze zu der Werbegestaltung, der Werbewirkung und den Werbeformen. Wien

Fahr, A., Kaut, V., Brosius, H.-B. (2014): Werbewirkung im Fernsehen II. Befunde aus der Medienforschung. In: Brosius, H.-B. (Hg.) (2014): Angewandte Medienforschung. Band 54. München

Felser, G. (2007): Werbe- und Konsumentenpsychologie. Berlin

Friedrichsen, M., Friedrichsen, S. (Hg.) (2004): Fernsehwerbung – quo vadis? Auf dem Weg in die digitale Medienwelt. Wiesbaden

Jain, K. & Srinivasan, N. (1990): An empirical Assessment of Multiple Operationalizations of Involvement. In: Advances in Consumer Research. Vol. 17, o.O., 594-602

Jeck-Schlottmann, G. (1988): Anzeigenbetrachtung bei geringem Involvement. In: Marketing: Zeitschrift für Forschung und Praxis. Vol. 10, No. 1, o.O., 33-43

Kasprik, R. (1994): Werbewirkung auf dem Prüfstand: Konsequenzen aus der Kaufentscheidungsforschung, Gedächtnisforschung und Sozialpsychologie für das Werbemittel-Pretesting. In: Marketing ZFP, No. 4, o.O., 247-256

Kloss, I. (2012): Werbung. 5. Auflage. München

Koob, C. (2010): TV-Werbung wirkt auf allen Ebenen. In: Impact Zoom, Vol. 2, No. 1, o.O., 2-5

Kroeber-Riel, W., Esch, F.-R. (2011): Strategie und Technik der Werbung. 7. Auflage. Stuttgart

Kroeber-Riel, W., Gröppel-Klein, A. (2013): Konsumentenverhalten. 10. Auflage. München

Kroeber-Riel, W., Weinberg, P., Gröppel-Klein, A. (2009): Konsumentenverhalten. 9. Auflage. München

Kroeber-Riel, W. (1988): Kommunikation im Zeitalter der Informationsüberlastung. In: Marketing – Zeitschrift für Forschung und Praxis. No. 3, o.O., 182-189

Kroeber-Riel, W., Meyer-Hentschel, G. (1982): Werbung: Steuerung des Konsumentenverhaltens. Würzburg

Krugman, H. (1965): The impact of television advertising: Learning without involvement. In: Public Opinion Quarterly, Vol. 29, o.O., 349-356

Laurent, G., Kapferer, J.-N. (1985): Measuring Consumer Involvement Profiles. In: Journal of Marketing Research. Vol. 22, No. 1, o.O., 41-53

Lavidge, R., Steiner, G. (1961): A Model for Predictive Measurements of Advertising Effectiveness. In: Journal of Marketing. Vol. 25, No. 6, o.O., 59-62

Lerman, D., Garbarino, E. (2002): Recall and Recognition of brand names: A Comparison of Word and Nonword Name Types. In: Psychology & Marketing, Vol. 19, No. 7-8, o.O., 621-639

MacKenzie, S., Lutz, R.-J. (1989): An Empirical Examination of the Structural Antecedents of Attitude toward the Ad in an Advertising Pretesting Context. In: Journal of Marketing, Vol. 53, No. 2, o.O., 48-65

McGuire, W. J. (1985): Attitudes and Attitude Change. In: Lindzey, G., Aronson, E. (Hg.): Theory and method. Handbook of social psychology. 3. Auflage. New York, 233-346

Meffert, H., Burmann, C., Kirchgeorg, M. (2015): Marketing: Grundlagen marktorientierter Unternehmensführung. Konzepte – Instrumente – Praxisbeispiele. 12. Auflage. Wiesbaden

Mehta, A., Purvis, S. (2006): Reconsidering Recall and Emotion in Advertising. In: Journal of Advertising Research. Vol. 46, No. 1, o.O., 49-56

Mehta, A. (2000): Advertising Attitudes and Advertising Effectiveness. In: Journal of Advertising Research. Vol. 40, No. 3, o.O., 67-72

Mittal, B. (1994): Public Assessment of TV Advertising: Faint and Harsh Criticism. In: Journal of Advertising Research. Vol. 34, No. 1, o.O., 35-53

Moser, K. (1990): Werbepsychologie. München

Moser, K., Döring, K. (2008): Modelle und Evaluation der Werbewirkung. In: Batinic, B., Appel, M. (Hg.): Medienpsychologie. Berlin, 241-268

Palda, K. (1966): The hypothesis of a hierarchy of effects: a partial evaluation. In: Journal of Marketing Research, Vol. 3, No. 1, o.O., 13-24

Pethig, R. (2003): Massenmedien, Werbung und Märkte. Eine wirtschaftstheoretische Analyse. In: Altmeppen, K.-D., Karmasin, M. (Hg.) (2003): Medien und Ökonomie. Band 1/1: Grundlagen der Medienökonomie: Kommunikations- und Medienwissenschaft, Wirtschaftswissenschaft. 1. Auflage. Wiesbaden, 139-186

Petty, R., Cacioppo, J., Schumann, D. (1983): Central and Peripheral Routes to Advertising Effectiveness: The Moderating Role of Involvement. In: Journal of Consumer Research, Vol. 10, o.O., 135-146

Ray, M. L. (1973): Marketing Communications and the Hierarchy of Effects. In: Clark, P. (Hg.): New Models for Mass Communication Research. Beverly Hills

Schendera, C. (2010): Clusteranalyse mit SPSS. München

Schweiger, G., Schrattenecker, G. (2009): Werbung – eine Einführung. 7. Auflage. Stuttgart

Seyffert, R. (1966): Werbelehre: Theorie und Praxis der Werbung. Band 1. Stuttgart.

Sieglerschmidt, S. (2008): Werbung im thematisch passenden Medienkontext. Theoretische Grundlagen und empirische Befunde am Beispiel von Fernsehwerbung. Wiesbaden

Smit, E., Neijens, P. (2000): Segmentation Based on Affinity for Advertising. In: Journal of Advertising Research. Vol. 40, No. 4, o.O., 35-44

Trommsdorff, V. (2009): Konsumentenverhalten. 7. Auflage. Stuttgart

Vakratsas, D., Ambler, T. (1999): How Advertising Works: What Do We Really Know? In: Journal of Marketing, Vol. 63, No. 1, o.O., 26-43

Wolfradt, U., Petersen, L.-E. (1997): Dimensionen der Einstellung gegenüber Fernsehwerbung. Rundfunk und Fernsehen. Vol. 45, No. 3, o.O., 324-335

Young, C., Robinson, M. (1992): Visual Connectedness and Persuasion. In: Journal of Advertising Research. No. 2, o.O., 51-59

Zajonc, R. B. (1968): Attitudinal Effects of Mere Exposure. In: Journal of Personality and Social Psychology. Vol. 9, No. 2, o.O., 1-27

Zurstiege, G. (2007): Werbeforschung. Konstanz

VI ONLINE VERZEICHNIS

Axel Springer AG, Bauer Media Group: VerbraucherAnalyse 2010, 2011, 2012 /
Code Plan (pdfs) (aufgerufen am 17.02.2015):

http://www.verbraucheranalyse.de/publikationen/hintergrund

Bauer Media Group (2014): Störfaktoren im Fernsehen (aufgerufen am
02.12.2014):

http://www.presseportal.de/pm/43108/2747086/aktuelle-umfrage-werbung-
shows-gewalt-das-nervt-die-deutschen-im-fernsehen

Bauer Media Group (2007): Zukunftswerkstatt Medien: (aufgerufen am
03.12.2014):

http://www.google.at/url?sa=t&rct=j&q=&esrc=s&frm=1&source=web&cd=1&
ved=0CCkQFjAA&url=http%3A%2F%2Fwww.baueradvertising.de%2Fuplo-
ads%2Fmedia%2FMedienexperten-Panel_1_-_2007_01.pdf&ei=BOzmVI-
KMoH5Uvfmg_AK&usg=AFQjCNFCZf0dd2ulv8XN3gKzQqrU-
GEg9Yw&sig2=3A9cCLNgSyU_2n0Mwzydcg&bvm=bv.86475890,d.d24

Innerscope Research (2010): Multi-Platform Messaging. The Medium Matters
(aufgerufen am 13.03.2015):

http://www.tvb.ca/page_files/pdf/InfoCentre/Research/Innerscope-ARFpa-
per.pdf

McKinsey Quarterly (2009): The consumer decision journey. (aufgerufen am
13.03.2015):   http://de.slideshare.net/fred.zimny/mckinsey-theconsumer-deci-
sion-journey

McQuarrie, E. F., Munson, J. M. (1987): The Zaichkowsky Personal Involvement
Inventory: Modification and Extension. In: Advances in Consumer Research, Vol.
14, o.O, 36-40 (aufgerufen am 02.03.2015):

http://www.acrwebsite.org/search/view-conference-proceedings.aspx?Id=6631

Statista.com (2014): Mediennutzung und Tagesreichweite (aufgerufen am
19.02.2015):

http://de.statista.com/themen/2110/mediennutzung-in-oesterreich/
http://de.statista.com/themen/101/medien/

http://de.statista.com/statistik/daten/studie/4564/umfrage/anteil-der-fernsehzu-schauer-an-der-bevoelkerung/

Zentralverband der deutschen Werbewirtschaft: Allgemeine Einstellung und Akzeptanz gegenüber Werbung (aufgerufen am 13.03.2015):

- (zaw   2010)   http://www.zaw.de/zaw/aktuelles/meldungen/Daten-zur-Werbeakzeptanz-Absolute-Mehrheit-pro-Werbung.php
- (zaw   2014)   http://www.zaw.de/zaw/wert-der-werbung/fakten-und-zusammenhaenge/

ONLINE-QUELLEN – herangezogen für die quantitative Marktforschung

Google: Galileo-Logo für Stimulus (aufgerufen am 11.03.2015):
http://www.prosieben.at/var/prosieben/storage/images/tv/galileo/logos-und-all-gemeine-teaserbilder/galileo-logo/6500684-3-ger-DE/Galileo-Logo_teaser_940x516.png

Google: Pfanner-Logos und Obst-Grafiken für Fragebogen (aufgerufen am 12.02.2015):
http://upload.wikimedia.org/wikipedia/de/archive/7/75/20120625092104!Pfan-ner-Logo.png
http://upload.wikimedia.org/wikipedia/de/4/41/Pfanner_Logo.jpg
http://www.obstbau-steegmaier.de/Obst.jpg
http://www.der-marmeladenladen.at/images/beeren.png

Youtube: Galileo (Sendungsausschnitt für die Marktforschung; aufgerufen am 26.02.2015):
https://www.youtube.com/watch?v=JhYeyQhGFPc

Youtube: TV-Spots für Stimulus-Material bzw. Screenshots für Fragebogen (aufgerufen am 26.02.2015):

- Casinos Austria (2014) https://www.youtube.com/watch?v=pl7VwKvYLH8
- Erste Bank (2015) https://www.youtube.com/watch?v=07SCNQKtjek
- Felix Katzenfutter (2014) https://www.youtube.com/watch?v=WFQ28Kh9Nek
- Fielmann (2014) https://www.youtube.com/watch?v=VMQNWcT4FMU
- Ford Europe (2015) https://www.youtube.com/watch?v=pmz6xk2MZaE
- Kinder Bueno (2014) https://www.youtube.com/watch?v=HWaMdybtPno
- Meditonsin (2014) https://www.youtube.com/watch?v=e3J_Z_rhucM
- Merkur (2015) https://www.youtube.com/watch?v=NxWor2rB5PA
- Parship (2014) https://www.youtube.com/watch?v=SO0FOsTAGNg
- Pfanner (2014) https://www.youtube.com/watch?v=Iia50a1xBZo
- T-Mobile (2014) https://www.youtube.com/watch?v=tL5ZkPsVvps
- Trivago (2014) https://www.youtube.com/watch?v=qZFC0FUz5t4
- Schwarzkopf (2014) https://www.youtube.com/watch?v=dDteTVZFaFM
- XXXLutz (2014) https://www.youtube.com/watch?v=ac5QCrQaxRU

Lieber Teilnehmer, liebe Teilnehmerin!

Herzlichen Dank, dass Sie sich die Zeit nehmen und uns bei unserer Marktforschung unterstützen. Sie haben nun einen etwa 6-minütigen Sendungsausschnitt gesehen, zu welchem wir Sie bitten würden, die nachfolgenden Fragen zu beantworten.

1. Kennen Sie die eben gezeigte Sendung?

    ja   ☐

    nein   ☐

2. Wie gut hat Ihnen der Sendungsausschnitt gefallen?

sehr gut	eher gut	weniger gut	gar nicht
☐	☐	☐	☐

3. In dem Sendungsausschnitt waren auch einige TV-Spots zu sehen. An welche TV-Spots bzw. Marken können Sie sich spontan erinnern?

4. Für welche der folgenden <u>Produkte bzw. Anbieter</u> war in dem gezeigten Sendungsausschnitt ein TV-Spot enthalten?

Auto	☐	Bankservice	☐
Waschmittel	☐	Duschgel	☐
Schokoriegel	☐	Sportutensil	☐
Fluglinie	☐	Mobilfunk-Anbieter	☐
Fruchtsaft	☐	Frischkäse	☐
Möbelhaus	☐	Kaugummi	☐
Joghurt	☐	Glücksspieleinrichtung	☐
Schuhhändler	☐	Reiseanbieter	☐
Erkältungs-Medizin	☐	Kleidermarke	☐
Frisörprodukt	☐	Optiker	☐

5. Nachfolgend sehen Sie Bildausschnitte aus verschiedenen TV-Spots. Welche dieser TV-Spots waren in dem vorhin gezeigten Sendungsausschnitt dabei?

war dabei war <u>nicht</u> dabei weiß nicht
☐   ☐   ☐

war dabei war <u>nicht</u> dabei weiß nicht
☐   ☐   ☐

war dabei war <u>nicht</u> dabei weiß nicht
☐   ☐   ☐

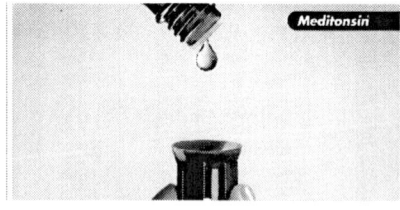

war dabei war <u>nicht</u> dabei weiß nicht
☐   ☐   ☐

Quelle aller Bilder von Frage 5: Youtube 2014/2015, online

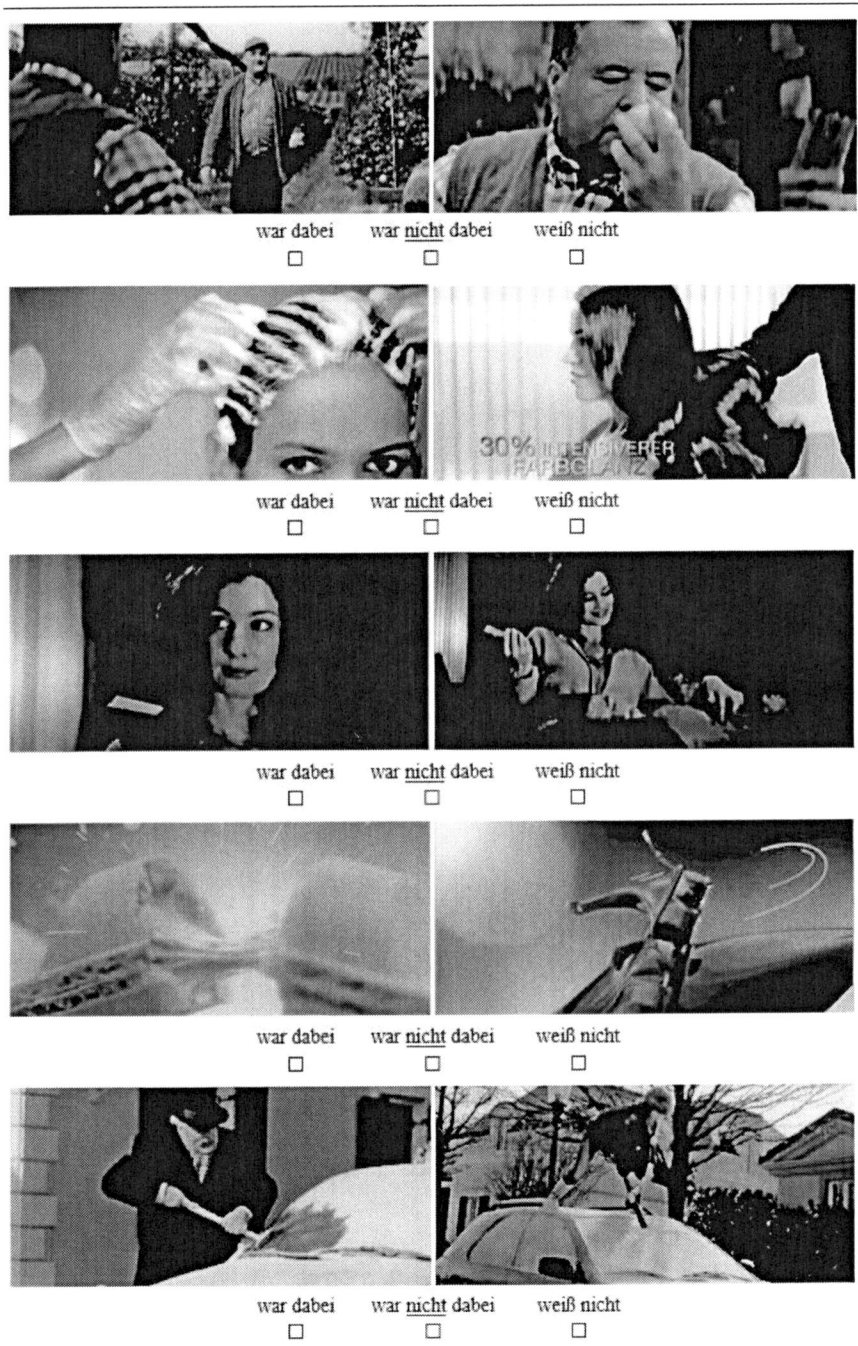

war dabei   war <u>nicht</u> dabei   weiß nicht

☐   ☐   ☐

war dabei   war <u>nicht</u> dabei   weiß nicht

☐   ☐   ☐

war dabei   war <u>nicht</u> dabei   weiß nicht

☐   ☐   ☐

war dabei   war <u>nicht</u> dabei   weiß nicht

☐   ☐   ☐

war dabei   war <u>nicht</u> dabei   weiß nicht

☐   ☐   ☐

Quelle aller Bilder von Frage 5: Youtube 2014/2015, online

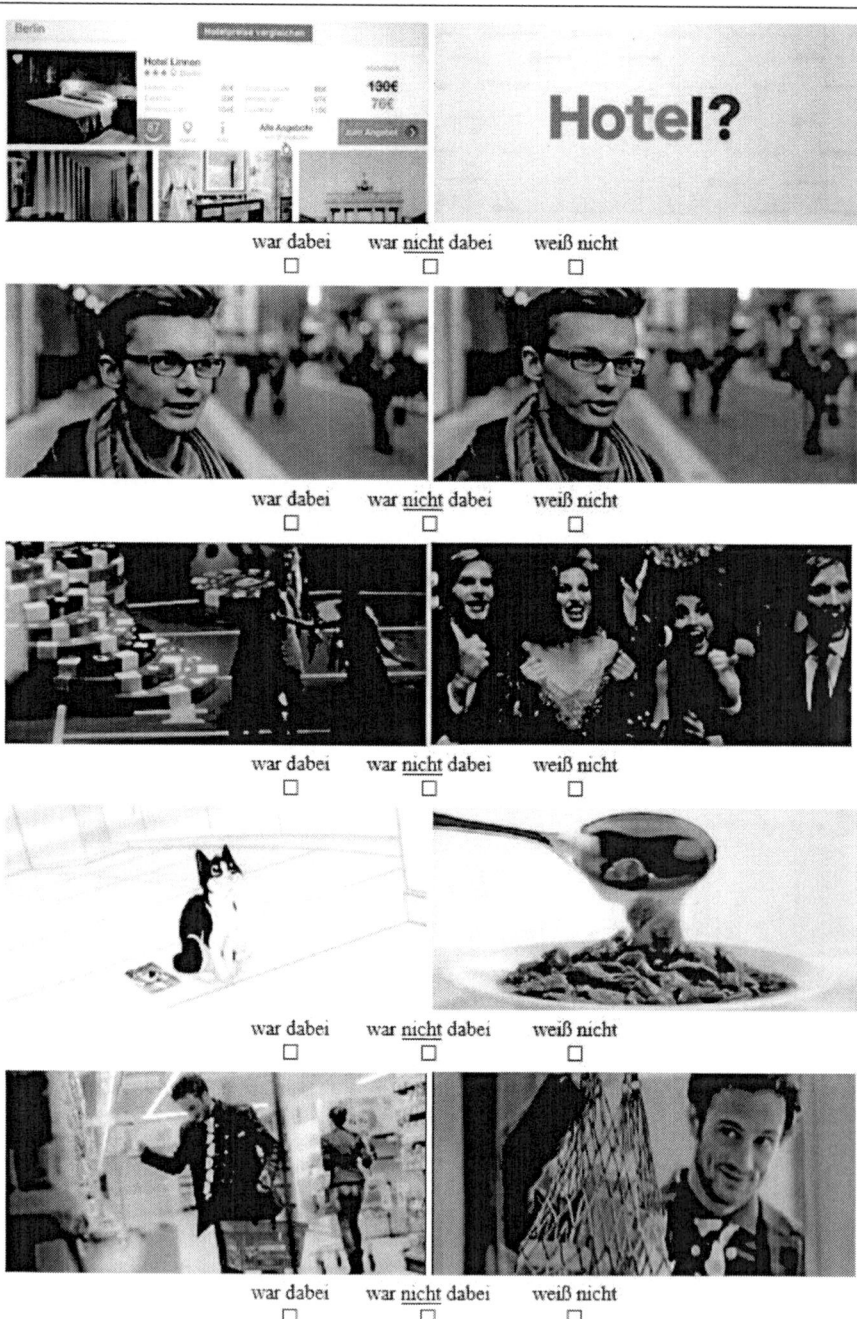

war dabei   war <u>nicht</u> dabei   weiß nicht

☐   ☐   ☐

war dabei   war <u>nicht</u> dabei   weiß nicht

☐   ☐   ☐

war dabei   war <u>nicht</u> dabei   weiß nicht

☐   ☐   ☐

war dabei   war <u>nicht</u> dabei   weiß nicht

☐   ☐   ☐

war dabei   war <u>nicht</u> dabei   weiß nicht

☐   ☐   ☐

Quelle aller Bilder von Frage 5: Youtube 2014/2015, online

6. Wie gut hat Ihnen der TV-Spot von *Pfanner* insgesamt gefallen? Als Erleichterung finden Sie nachfolgend wieder einen Bildausschnitt des TV-Spots:

sehr gut	☐
eher gut	☐
weniger gut	☐
gar nicht	☐

7. Kennen Sie die <u>Vorgänger</u> des aktuellen *Pfanner* TV-Spots? Gefällt Ihnen der neue TV-Spot von *Pfanner* besser als die alten? Bitte nennen Sie Gründe.

8. Kreuzen Sie bitte in jeder Zeile an, inwiefern die folgenden Eigenschaften auf den aktuellen <u>TV-Spot</u> von *Pfanner* aus Ihrer persönlichen Sicht zutreffen. Den TV-Spot von *Pfanner* fand ich:

	0	
unterhaltsam	☐☐☐☐☐☐☐	langweilig
positiv	☐☐☐☐☐☐☐	negativ
angenehm	☐☐☐☐☐☐☐	lästig
informativ	☐☐☐☐☐☐☐	wenig informativ
fröhlich	☐☐☐☐☐☐☐	traurig
überzeugend	☐☐☐☐☐☐☐	unglaubwürdig
modern	☐☐☐☐☐☐☐	altmodisch
aufrichtig	☐☐☐☐☐☐☐	unehrlich
originell	☐☐☐☐☐☐☐	einfallslos
kompetent	☐☐☐☐☐☐☐	unstimmig
charmant	☐☐☐☐☐☐☐	geschmacklos
wirkungsvoll	☐☐☐☐☐☐☐	ausdruckslos
lustig	☐☐☐☐☐☐☐	ernst
nützlich	☐☐☐☐☐☐☐	unnütz
sympathisch	☐☐☐☐☐☐☐	unsympathisch

9. Wie sympathisch empfinden Sie die <u>Marke</u> *Pfanner*?

sehr sympathisch	eher sympathisch	weniger sympathisch	gar nicht sympathisch
☐	☐	☐	☐

Quelle des Bildes von Frage 6: Youtube 2014, online

10. Bitte sagen Sie uns, was Sie allgemein über Fruchtsäfte denken. Kreuzen Sie dabei in jeder Zeile an, wie Sie zu den einzelnen Aussagen stehen:

	stimme voll und ganz zu	stimme eher zu	stimme weniger zu	stimme nicht zu
Fruchtsaft liebe ich sehr.	☐	☐	☐	☐
Fruchtsaft trägt zur gesunden Ernährung bei.	☐	☐	☐	☐
Fruchtsäfte helfen mir, meinen Vitaminbedarf zu decken.	☐	☐	☐	☐
Fruchtsaft ist für mein Wohlbefinden unbedingt erforderlich.	☐	☐	☐	☐
Es ist mir wichtig, 100 %-igen Fruchtsaft zu kaufen.	☐	☐	☐	☐
Fruchtsaft trägt dazu bei, mein Leben genussvoller zu machen.	☐	☐	☐	☐
Ich freue mich immer, wenn ich Fruchtsaft trinken kann.	☐	☐	☐	☐
Meine Begeisterung für Fruchtsäfte ist hoch.	☐	☐	☐	☐
Es stört mich, dass Fruchtsaft fruchteigenen Zucker enthält.	☐	☐	☐	☐
Es stört mich, dass Fruchtsaft natürliche Fruchtsäure enthält.	☐	☐	☐	☐
Fruchtsaftnektar hat eine minderwertige Qualität.	☐	☐	☐	☐
Fruchtsäfte aus dem Kühlregal schmecken besser als jene aus dem normalen Regal.	☐	☐	☐	☐

11. In welcher Gebindeform ist Fruchtsaft am wertvollsten?

        Transparente Plastikfalsche   ☐

        Tetrapak   ☐

12. Können Sie den Slogan (Werbespruch) von *Pfanner* nennen?

13. Erkennen Sie das Logo von *Pfanner* wieder? Bitte kreisen Sie Ihre Wahl ein.

Quelle der Logos und Obst-Grafiken von Frage 13: Google 2014, online

14. Würden Sie Produkte von *Pfanner* aufgrund des TV-Spots (wieder) kaufen? Bitte begründen Sie Ihre Entscheidung mit wenigen Worten!

ja ☐ Begründung: _____

_____

nein ☐ Begründung: _____

_____

15. Nachfolgend finden Sie einige Aussagen zur <u>Fernsehwerbung</u> insgesamt. Bitte kreuzen Sie an, wie stark die jeweilige Aussage aus Ihrer persönlichen Sicht zutrifft:

	stimme voll und ganz zu	stimme eher zu	stimme weniger zu	stimme nicht zu
TV-Spots geben nützliche Hinweise über Produkte.	☐	☐	☐	☐
TV-Spots sind hilfreich, weil sie zeigen, wie andere Personen die beworbenen Produkte nutzen.	☐	☐	☐	☐
TV-Spots bieten mir Anregungen für mein alltägliches Leben.	☐	☐	☐	☐
TV-Spots halte ich für informativ.	☐	☐	☐	☐
TV-Spots enthalten oft falsche Behauptungen.	☐	☐	☐	☐
TV-Spots sind meist unterhaltsam.	☐	☐	☐	☐
TV-Spots sollten kreativer gestaltet sein.	☐	☐	☐	☐
Ich sehe mir gerne TV-Spots an.	☐	☐	☐	☐
Mich fasziniert die Originalität mancher TV-Spots.	☐	☐	☐	☐
TV-Spots werden zu oft wiederholt.	☐	☐	☐	☐
Bei Werbeunterbrechungen wechsle ich den Fernsehsender.	☐	☐	☐	☐
TV-Spots sind manipulativ.	☐	☐	☐	☐
Werbeunterbrechungen im Fernsehen stören mich.	☐	☐	☐	☐

Nun bitten wir Sie nur noch um wenige Angaben zu Ihrer Person...

16. Geschlecht

männlich ☐
weiblich ☐

17. Alter

_____ Jahre

Wir bedanken uns recht herzlich für Ihre Unterstützung und wünschen Ihnen noch einen schönen Tag!

Detailaufstellung der Auswertung im SPSS:

Frage & Hypothese	Variable	Item	Wertelabel	SPSS-Kürzel
3	In dem Sendungsausschnitt waren auch einige Werbespots zu sehen. An welche TV-Spots bzw. Marken können Sie sich erinnern?			
H1, H2, H3	Ungestützter Recall	Ford Europe		unaided_auto
		Fielmann		unaided_brille
		Casinos Austria		unaided_casino
		Pfanner	1 = nicht erinnert	unaided_pfanner
		T-Mobile	2 = erinnert (genannt)	unaided_handy
		Meditonsin		unaided_medizin
		Erste Bank		unaided_bank
		Kinder Bueno		unaided_schoko
4	Für welche der folgenden Produkte bzw. Anbieter war in dem gezeigten Programm-Ausschnitt ein TV-Spot enthalten?			
H1	Gestützter Recall	Auto		aided_auto
		Waschmittel		aided_wasch
		Schokoriegel	1 = nicht erinnert	aided_schoko
		Fluglinie	2 = erinnert	aided_flug
		Fruchtsaft		aided_saft
		Möbelhaus	gilt für:	aided_möbel
		Joghurt	-Auto -Bankservice	aided_jog
		Schuhhändler	-Schokoriegel -Handyanbieter	aided_schuh
		Medizin	-Fruchtsaft -Glücksspiel	aided_medizin
		Frisörprodukt	-Medizin -Optiker	aided_frisör
		Bankservice	für die restlichen Optionen gilt:	aided_bank
		Duschgel		aided_dusch
		Sportutensil	9 = fehlender Wert	aided_sport
		Handyanbieter	*(wenn nicht dabei war und auch nicht angekreuzt wurde)*	aided_handy
		Frischkäse		aided_käse
		Kaugummi	77 = falsch → Filter	aided_kau
		Glücksspiel	*(wenn nicht dabei war und trotzdem angekreuzt wurde)*	aided_casino
		Reiseanbieter		aided_reise
		Kleidermarke		aided_kleid
		Optiker		aided_brille
5	Nachfolgend sehen Sie verschiedene Bildausschnitte aus TV-Spots. Welche TV-Spots waren in dem vorhin gezeigten Programm-Ausschnitt dabei?			
H1	Recognition	Erste Bank	1 = nicht erinnert	recog_bank
		XXXLutz	2 = erinnert	recog_lutz
		T-Mobile	gilt für:	recog_handy
		Meditonsin	-Erste Bank -Kinder Bueno	recog_medizin
		Pfanner	-T-Mobile -Ford Europe	recog_pfanner
		Schwarzkopf	-Meditonsin -Fielmann	recog_frisör
		Parship	-Pfanner -Casino	recog_parship
		Kinder Bueno		recog_schoko
		Ford Europe	für die restlichen Optionen gilt:	recog_auto
		Trivago	9 = fehlender Wert	recog_reise
		Fielmann	*(wenn nicht dabei war und auch nicht angekreuzt wurde)*	recog_brille
		Casinos Austria	77 = falsch → Filter	recog_casino
		Felix Katze	*(wenn nicht dabei war und trotzdem angekreuzt wurde)*	recog_katze
		Merkur		recog_merkur

6	Wie gut hat Ihnen der TV-Spot von *Pfanner* insgesamt gefallen?		
H4, H5	Gefallen TV-Spot	1 = sehr gut 2 = eher gut 3 = weniger gut 4 = gar nicht	gefallen
H4, H5		1 = nein 2 = ja	gefallen_nominal
10	Bitte sagen Sie uns, was Sie generell über Fruchtsäfte denken. Kreuzen Sie dabei in jeder Zeile an, wie stark die jeweilige Aussage aus Ihrer persönlichen Sicht zutrifft:		
H2, H5	Fruchtsaft liebe ich sehr.	1 = stimme nicht zu → **1 = kaum involviert** 2 = stimme weniger zu 3 = stimme eher zu 4 = stimme voll und ganz zu → **4 = hoch involviert**	involve_1
	Fruchtsaft trägt zu gesunder Ernährung bei.	1 = stimme nicht zu 4 = stimme voll und ganz zu	involve_2
	Fruchtsäfte helfen mir, meinen Vitaminbedarf zu decken.	1 = stimme nicht zu 4 = stimme voll und ganz zu	involve_3
	Fruchtsaft ist für mein Wohlbefinden unbedingt erforderlich.	1 = stimme nicht zu 4 = stimme voll und ganz zu	involve_4
	Es ist mir wichtig, 100 %-igen Fruchtsaft zu kaufen.	1 = stimme nicht zu 4 = stimme voll und ganz zu	involve_5
	Fruchtsaft trägt dazu bei, mein Leben genussvoller zu machen.	1 = stimme nicht zu 4 = stimme voll und ganz zu	involve_6
	Ich freue mich immer, wenn ich Fruchtsaft trinken kann.	1 = stimme nicht zu 4 = stimme voll und ganz zu	involve_7
	Meine Begeisterung für Fruchtsäfte ist hoch.	1 = stimme nicht zu 4 = stimme voll und ganz zu	involve_8
H2		1 = weniger / nicht involviert 2 = eher / hoch involviert	involve_nominal
12	Können Sie den Slogan (Werbespruch) von *Pfanner* nennen?		
H5	Kognitive Vorgänge	1 = nein 2 = ja	kognitiv_1
13	Erkennen Sie das Logo von *Pfanner* wieder? Bitte kreisen Sie Ihre Wahl ein.		
H5	Kognitive Vorgänge	1 = nein 2 = ja	kognitiv_2
14	Würden Sie Produkte von *Pfanner* aufgrund des TV-Spots (wieder) kaufen? Bitte begründen Sie Ihre Entscheidung mit wenigen Worten!		
H4, H5	Kaufverhalten	1 = nein 2 = ja	konativ
15	Nachfolgend finden Sie einige Aussagen zur Fernsehwerbung insgesamt. Bitte kreuzen Sie an, wie Sie zu den einzelnen Aussagen stehen:		
H3, H5	TV-Spots geben nützliche Hinweise über Produkte.	1 = stimme nicht zu → **1 = wenig Akzeptanz** 2 = stimme weniger zu 3 = stimme eher zu 4 = stimme voll und ganz zu → **4 = hohe Akzeptanz**	akzept_1
	TV-Spots sind hilfreich, weil sie zeigen, wie andere Personen die beworbenen Produkte nutzen.	1 = stimme nicht zu 4 = stimme voll und ganz zu	akzept_2
	TV-Spots bieten mir Anregungen für mein alltägliches Leben.	1 = stimme nicht zu 4 = stimme voll und ganz zu	akzept_3

	TV-Spots halte ich für informativ.	1 = stimme nicht zu 4 = stimme voll und ganz zu	akzept_4
	TV-Spots enthalten oft falsche Behauptungen.	4 = stimme nicht zu 1 = stimme voll und ganz zu	akzept_5
	TV-Spots sind meist unterhaltsam.	1 = stimme nicht zu 4 = stimme voll und ganz zu	akzept_6
	TV-Spots sollten kreativer gestaltet sein.	4 = stimme nicht zu 1 = stimme voll und ganz zu	akzept_7
	Ich sehe mir gerne TV-Spots an.	1 = stimme nicht zu 4 = stimme voll und ganz zu	akzept_8
	Mich fasziniert die Originalität mancher TV-Spots.	1 = stimme nicht zu 4 = stimme voll und ganz zu	akzept_9
	TV-Spots werden zu oft wiederholt.	4 = stimme nicht zu 1 = stimme voll und ganz zu	akzept_10
	Bei Werbeunterbrechungen wechsle ich den Fernsehsender.	4 = stimme nicht zu 1 = stimme voll und ganz zu	akzept_11
	TV-Spots sind manipulativ.	4 = stimme nicht zu 1 = stimme voll und ganz zu	akzept_12
	Werbeunterbrechungen im Fernsehen stören mich.	4 = stimme nicht zu 1 = stimme voll und ganz zu	akzept_13
		1 = keine / kaum Akzeptanz 2 = eher / hohe Akzeptanz	akzept_nominal
16	Geschlecht		
		1 = männlich 2 = weiblich	geschlecht
17	Alter		
		1 = 15-24 Jahre 2 = 25-34 Jahre 3 = 35-44 Jahre 4 = 45-54 Jahre 5 = 55-64 Jahre 6 = 65-74 Jahre	alter

I want morebooks!

Buy your books fast and straightforward online - at one of the world's fastest growing online book stores! Environmentally sound due to Print-on-Demand technologies.

Buy your books online at

www.get-morebooks.com

Kaufen Sie Ihre Bücher schnell und unkompliziert online – auf einer der am schnellsten wachsenden Buchhandelsplattformen weltweit!
Dank Print-On-Demand umwelt- und ressourcenschonend produziert.

Bücher schneller online kaufen

www.morebooks.de

OmniScriptum Marketing DEU GmbH
Heinrich-Böcking-Str. 6-8
D - 66121 Saarbrücken
Telefax: +49 681 93 81 567-9

info@omniscriptum.com
www.omniscriptum.com

Lightning Source UK Ltd.
Milton Keynes UK
UKOW02f2210111115

262554UK00001B/195/P